딱 1주
TOEIC SPEAKING

저자 김경아

랭기지플러스

딱 1주 토익 스피킹 파트 5·6 집중훈련코스

초판발행	2015년 1월 10일
초판 2쇄	2016년 7월 14일
저자	김경아
펴낸이	엄태상
책임 편집	장은혜, 이효리, 김효은, 정유항
마케팅	이상호, 오원택, 이승욱, 김동현, 전한나, 박나연
펴낸곳	랭기지플러스
주소	서울시 종로구 자하문로 300 시사빌딩
주문 및 교재 문의	1588-1582
팩스	(02)3671-0500
홈페이지	http://www.sisabooks.com
이메일	sisabooks@naver.com
등록일자	2000년 8월 17일
등록번호	1-2718호

ISBN 978-89-5518-775-5　13740

* 이 책의 내용을 사전 허가 없이 전재하거나 복제할 경우 법적인 제재를 받게 됨을 알려 드립니다.
* 잘못된 책은 구입하신 서점이나 본사에서 교환해 드립니다.
* 정가는 표지에 표시되어 있습니다.

딱 1주
TOEIC SPEAKING

PREFACE 머리말

문득, 저자 말콤 글래드웰((Malcolm Gladwell) 의 아웃라이어(Outliers)책에서 등장하는 '1만시간의 법칙'이 떠오른다. 읽은 지 시간이 꽤 지난 책이지만 어렴풋이 그 속에서 등장하는 '1만시간의 법칙'을 요약해 보자면, 한 분야의 전문가가 되려면 적어도 매일 하루 3시간, 일주일에 20시간을 10년간 연습해야 한다는 것이다

그러나 토익스피킹 시험에 이 법칙을 살짝 적용해 보자면 하루 4시간, 일주일 20시간, 딱 2주 연습하면 되지 않을까 생각한다. 물론, 자신의 공부성향과 학습능력에 따라 시간을 한 달로, 두 달로 점점 늘릴 수는 있겠지만 수천 명의 취업준비생들과 직장인들을 대상으로 꽤 오랫동안 토익스피킹 현장강의를 해온 경험으로 비추어 볼 때, 토익스피킹 시험은 오래 질질 끌수록 원하는 성적이 안 나올 가능성도 점점 커진다는 게 그 동안 축적된 나만의 데이터 통계치 결론이다.

게다가, 토익스피킹 시험을 준비하는 대다수 취업준비생들과 직장인들은 영어로 말하고 듣는 영어 환경에 노출된 적이 거의 없기 때문에 당연히 영어를 말하고 듣는데 있어서는 속된 말로 젬병인 경우가 많다.

그럼에도 불구하고 사회는 어떠한가? 취업을 하려면? 승진을 하려면? 기업이 요구하는 영어말하기 점수, 즉 토익스피킹 성적표, 그것도 레벨 6이상을 제시해야만 하는 게 요즘 취업시장의 현주소이다.

선택의 여지가 없는 상황이 되다 보니 취업하려면? 승진하려면? 영어실력이 있든 없든, 영어 말하기를 잘하든 못하든 간에 무조건 토익스피킹 시험공부를 할 수밖에 없게 된 것이다.

이런 상황에서, 기업에서 요구하는 토익스피킹 레벨 6이상의 성적을, 영어를 잘하지 못하는 사람이 획득하려면 전략적인 방법으로 토익스피킹시험 공부를 하는 게 최선이라는 결론이 나온다. 즉, 토익스피킹 레벨6이상의 성적은 토익스피킹 시험에서 어렵다는 파트 5와 그리고 그 파트 5보다 더 어렵다는 파트 6에서 결정이 나기 때문에 이 두 파트를 공략하는 전략을 세우면 의외로, 영어를 잘 못하는 여러분이 토익스피킹 레벨 6이상의 성적을 획득하는 게 그리 요원한 일은 아니라는 것이다.

어차피, 영어를 잘한다는 사람들에게조차도 파트 5와 파트 6은 어려운 문제이고 당연히 그들도 이 파트 문제 유형에 자유자재로 답을 잘 하지는 못한다. 그렇다고 많은 시간과 노력을 투자해서 공부해도, 파트 5와 파트 6 질문에 자유롭게 답을 할 수 있는 실력이 단기간에 생기지도 않는다. 그러면, 어찌해야 되는가?

이런 배경에서, 『딱1주 토익스피킹 파트 5 · 6 집중훈련코스』 책이 나오게 된 것이다.

이 책은, 토익스피킹시험 파트 5와 파트 6을 분석해서 그 동안 많이 출제되는 기출유형과 최신기출문제를 바탕으로 무조건 가져다 붙이기만 하면 나름대로 답안 문장으로 활용하기 좋은 『유형별 만능답안』문장들로 구성해 놓았다.

어차피 이 시험이 정규대학교육을 받은 원어민 수준의 눈높이에서의 영어능력을 평가하는 시험도 아니며 게다가 영어가 모국어가 아닌 우리가 그런 수준의 영어가 될리 만무하고, 또한 현실적으로도 불가능하다. 다만, 취업이나 승진을 하기 위해서는 기업에서 제시하는 영어말하기 점수, 즉 토익스피킹 시험에서 최소한의 성적인 토익스피킹 레벨 6이상이 갑자기 필요하게 되어 어쩔 수 없이 토익스피킹 시험 공부를 해야하는 처지에 놓이게 된 것이다.

어차피 영어를 잘 하지 못하는 여러분이 어려운 파트 5와 파트 6질문에 자유자재로 답을 할 수 능력은 안된다. 능력이 안된다고 해서 파트 5와 파트 6을 포기하게 된다면, 취업 스펙에 필요한 최소한의 토익스피킹 성적, 레벨 6이상은 절대로 안 나오기 때문에, 포기할 수도 없고 피해갈 수도 없는 게 파트 5와 파트 6이다.

이런 배경에서, 영어를 잘 하지 못하는 여러분이 어려운 파트 5와 파트 6을 쉽게 공부해서 원하는 토익스피킹 성적을 받을 수 있게끔 도움을 주는 한 방법으로서 토익스피킹 시험 파트 5와 파트 6에서 자주 쓰일 수 있는 『쉬운 영어의 반복적인 문장 패턴』으로 답안 틀을 만들게 되었다.

이 책을 효율적으로 사용하기 위해서는, 이 책에서 제시하는 파트 5, 파트 6 유형별 만능 답안을 일단 우리나라말로 답안 틀 스토리를 짠 다음에 입에 착착 달라붙을 때까지 완벽하게 발화하는 연습을 끊임없이 해야 한다. 그리고 혹시 만에 하나 시험장에서 파트 5와 파트 6문제가 여러분이 암기한 문장으로 해결이 안 된다면, 어차피 스스로 주어진 질문에 답을 할 수 있는 능력이 없기 때문에 새로운 답을 만들어 내려고 애쓰지 말고 암기한 답이 정답인 것처럼 암기한 티를 전혀내지 말고, 자연스럽게 답을 해주는 여유로움과 뻔뻔함으로 시험에 임한다면 이 책에서 제시하는 파트 5와 파트 6만능 답안 문장만으로도 레벨 6이상의 성적은 가능하리라 본다.

어차피 이것도 토익스피킹 시험을 전략적으로 공부할 수 있는 하나의 방법일 뿐, 결국 그 노하우를 자신의 것으로 만드는 여러분의 노력 없이는 절대로 원하는 성적을 받을 수 없다. 그렇기 때문에 여기서 제시하는 전략적인 방법과 여러분의 노력이 결부되어 여러분이 그토록 원하는 토익스피킹 레벨 6 이상의 성적을 받는 데 이 책이 조금이나마 도움이 되기를 진심으로 바란다.

저자 김경아

FEATURES 구성과 특징

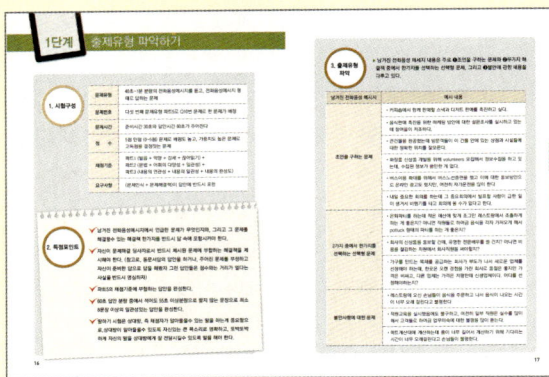

01 출제유형 파악하기

시험구성 정리 및 득점 포인트를 제시하여, 출제유형 파악을 하였습니다.

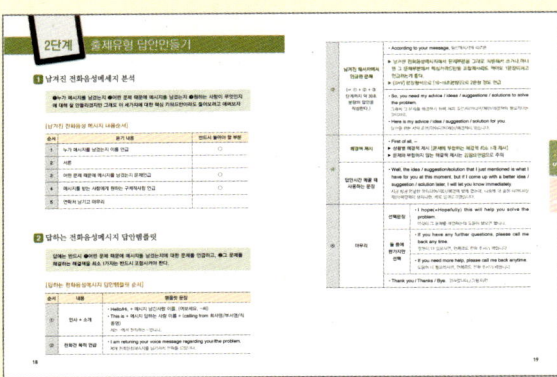

02 출제유형 답안 템플릿

각 파트별 유형에 맞는 답안의 순서에 따라 템플릿 구성을 통한 훈련을 할 수 있습니다.

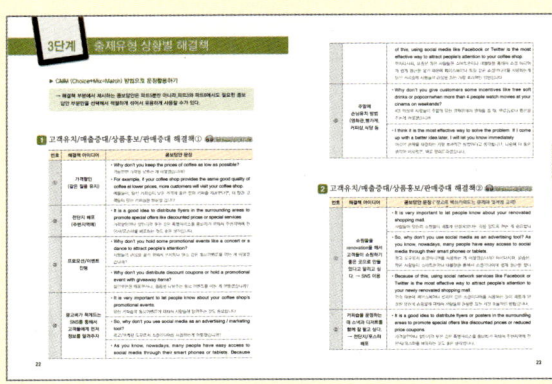

03 출제유형 상황별 해결책

파트별로 빈도수 높은 상황속에서 대응할 수 있는 예시 답안 문장을 키워드와 함께 제시하여 상황별 훈련이 충분한 이루어질 수 있도록 구성하였습니다.

04
출제유형 연습하기

실전시험과 같은 예제를 직접적으로 답안 구성에 견주어 철저히 분석하였습니다.

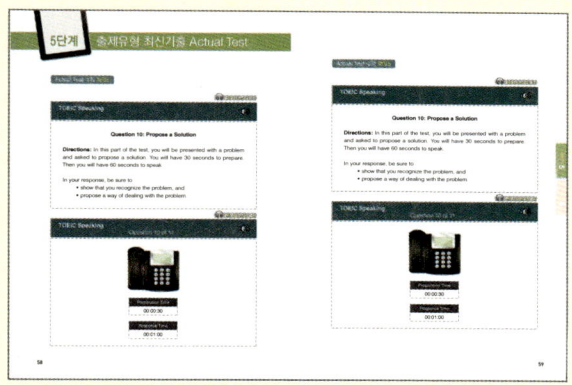

05
Actual Test_ 실전 모의고사

최신기출유형에 맞게 엄선한 내용으로 실전에 대비할 수 있도록 각 파트당 5회분의 내용을 담았습니다.

CONTENTS 차례

PREFACE_머리말 04
FEATURES_구성과 특징 06
All about TOEIC Speaking Test 09

Q10. Propose a solution 해결책 제시하기

PART 5

1단계 출제유형 파악하기	15
2단계 출제유형 답안 템플릿	18
3단계 출제유형 상황별 해결책	22
4단계 출제유형 연습하기	38
5단계 출제유형 최신기출 Actual Test	58
PART 5 모범답안 및 해석	63

Q11. Express an opinion 의견 제시하기

PART 6

1단계 출제유형 파악하기	75
2단계 출제유형 답안 템플릿	80
3단계 출제유형토픽 별 만능문장	82
4단계 출제유형 연습하기	98
5단계 출제유형 최신기출 Actual Test	118
PART 6 모범답안 및 해석	123

토익스피킹 시험 OT

1. 토익스피킹 시험 성격은?

* 직장인 대상 시험으로 글로벌 환경에서 영어로 업무를 하거나 의사소통이 가능한지를 측정하는 시험

2. 토익스피킹시험 구성은? (아래 표 참조)

* 문제유형이 다른 6개의 파트, 11문제로 구성
* 시험시간은 약 20분 정도이지만, 오리엔테이션을 합치면 대략 50분정도 소요
* 15초/30초의 준비시간이 있는 문제와 준비시간 자체가 없는 문제로 구성
* 답안시간은 짧게는 15초에서 30초/45초/60초까지 다양한 답안시간으로 구성
* 총 11문제에 주어진 답변 시간을 다 합치면 고작 6분 25초 평가되는 시험
* 고득점 파트5와 파트6은 어렵기도 하지만, 적어도 레벨6이상의 성적을 결정짓는 문제임으로 파트5와 파트6을 포기해서는 절대 레벨6 이상이 나올 수 없는 성적 구조

파트	문제유형	문제 번호	배점(만점)	답변 준비 시간	답변 시간
1	지문읽기 Read a text aloud	1-2	각 3점	각 45초	각 45초
2	사진묘사 Describe a picture	3	3점	30초	45초
3	질문에 답하기 Respond to questions	4-6	각 3점	없음	4-5번: 15초 6번: 30초
4	제공된 정보 사용해서 질문에 답하기 Respond to questions using information provided	7-9	각 3점	없음 정보분석: 30초	7-8번: 15초 9번: 30초
5	해결책 제시 Propose a solution	10	5점	30초	60초
6	의견 제시 Express an opinion	11	5점	15초	60초

3. 토익스피킹 시험 평가기준과 배점은? (아래 표 참조)

* 1번~9번까지는 각 3점 만점, 그리고 10번~11번은 각 5점 만점
* 문제의 난이도에 따라 다른 가중치가 적용되며, 최저 0점에서 최고 200점 만점으로 환산 계산되며 점수는 10점 단위로 채점

문제번호	평가기준	점수배점
Q1-2	발음/억양/강세	0-3
Q3	위의 항목들 + 문법/어휘/일관성	0-3
Q4-6	위의 항목들 + 내용의 관련성/내용의 완성도	0-3
Q7-9	위의 모든 항목들	0-3
Q10	위의 모든 항목들	0-5
Q11	위의 모든 항목들	0-5

4. 토익스피킹 시험 채점과정?

* 컴퓨터상에서 응시자의 음성을 녹음하는 IBT(Internet Based Test)형식으로 치러진 시험의 녹음 답안파일이 ETS로 넘어가 전문채점자가 토익스피킹 평가기준에 따라 채점
* 전송된 답안은 같은 문제번호끼리 분류되어 무작위로 채점자들에게 분배
* 최소 3명 이상의 채점관이 한 사람의 점수를 채점
* 점수는 '정확하게 답할 수 있다/어느 정도 답할 수 있다/답할 줄 모른다' 라는 기준에 따라 주어지기 때문에 질문에 부합하는 정확한 답을 하는 게 좋은 점수를 받는 방법

5. 토익스피킹 시험 점수/등급은?

점수	등급
200-190	Level 8 (최고등급)
180-160	Level 7
150-130	Level 6 (취업/승진에 필요한 기본 스펙점수)
120-110	Level 5
100-80	Level 4
70-60	Level 3
50-40	Level 2
30-0	Level 1 (최저등급)

6. 토익스피킹 점수와 레벨?

* 토익스피킹시험 점수를 환산할 때는 문제의 난이도가 높은 수준의 문제에 높은 가중치가 곱해지기 때문에 총점에 많은 영향을 주는 11번과 10번부터 역순으로 아래 표에 표시
  (* 각 파트별로 채점이 이루어 지기 때문에, 반드시 모든 문제에 답을 하는 게 중요하다.)

① 점수구성

문제유형	문제번호/문항수	배점	점수계산	총점
파트1	Q1-2	각 3점만점		
파트2	Q3	3점만점	X ? = 점수	
파트3	Q4-6	각 3점만점	+	=200점
파트4	Q7-9	각 3점만점		
파트5	Q10	5점만점	X ? = 점수	
파트6	Q11	5점만점		

② 문제구성

레벨	환산점수	11/10번	7-9번/4-6번	3번/1-2번
8	200-190	5점/5점	모두/거의 모두 3점	모두/거의 모두 3점
7	180-160	4점/4점 4점/5점	절반이상이 3점	모두/거의 모두 3점
6	150-130	3점/3점 3점/4점	모두 2점/그 이상	대부분 3점
5	120-110	3점/2점 3점/3점	대부분2점/일부3점 대부분2점/일부1점	대부분 2점
4	100-80	2점/2점 3점/2점	일부2점/일부 1점	일부2점/일부1점
3	70-60	2점/1점 2점/2점	대부분 1점	일부2점/일부1점
2	50-40	1점/1점 2점/1점	대부분 1점/무응답	대부분 1점
1	30-0	무응답/ 질문에서 벗어남	무응답/질문에서 벗어남	무응답/질문에서 벗어남

② 레벨구성 (참고로, 여기서는 레벨8~레벨6까지만 제시)

[레벨8 → 200-190점]
* 대체로, 업무에서 일관성이 있고 지속적인 대화가 가능
* 의견표현이나, 복잡한 요구 사항 시에 알아듣기 쉬우며
* 쉽거나 복잡한 문장구조 모두 자유롭게 사용가능하며, 어휘사용도 정확
* 구어체영어를 사용해서 질문에 답하며
* 발음/억양/강세가 알아듣기 매우 쉽다

[레벨7 → 180-160점]
* 업무에서 일관성이 있고 지속적인 대화가 가능
* 의견표현이나, 복잡한 요구 사항 시에 응답을 할 수 있지만
* 길게 응답할 경우에는 발음/억양에 약간 어려움이 있으며,
* 말을 할 때 멈칫하거나, 복잡한 문장구조 사용시 오류가 있으며
* 부정확한 어휘사용도 어느 정도 있지만
* 의사소통에는 지장이 없다
* 구어체영어를 사용해서 질문에 답하며
* 큰소리로 문장 읽을 때 알아듣기 쉽다

[레벨6 → 150-130점]
* 대체로, 의견을 표현하거나 복잡한 요구 사항 시에 관련성 있는 답을 만들어 낼 수 있지만
* 말을 할 때 발음/억양/강세가 부정확하며
* 문법적인 실수가 있으며
* 어휘사용이 제한적이며
* 대부분, 질문에 답하고 기본적인 정보를 제공할 수 있지만
* 가끔씩 이해하거나 알아듣기 어렵다
* 큰소리로 문장을 읽을 때 알아듣기 쉽다

7. 토익스피킹 파트5 / 파트6전략적 공부방법

① 파트5/파트6를 포기해서는 안되는 배경?

영어를 잘하는 사람들한테도 파트5와 파트6은 어려운 문제이다. 그들조차도 파트5와 파트6질문에 자유롭게 자신들이 하고 싶은 대로 답을 잘 할 수가 없다. 반대로 영어를 잘 못한다고 해서 이 파트5와 파트6을 포기한다면, 취업이나 승진에 필요한 최소한의 성적, 레벨6이상은 절대로 나올 수 없게 된다.

② 파트5와 파트6를 전략적으로 공부하려면?

그렇다면 파트5와 파트6질문에 스스로 답을 할 수 있는 능력은 안되고 그렇다고 해서 이 파트5와 파트6을 포기할 수도 없는 상황이라면 이 책에서 제시하는 빈출문제와 최신기출문제를 바탕으로 가장 많이 쓰이는 『상황별/유형별에 필요한 만능답안 문장』을 암기하고 이 문장들은 언제 어디서 자유롭게 입에서 술술 나올 정도로 발화하는 연습까지 일단은 완벽하게 해야 한다.

③ 파트5와 파트6만능문장 암기를 잘하려면?

영어 기본기가 미천한 경우에는 여기서 제시하는 최소한의 만능문장 조차도 암기가 잘 안될 것이다. 설사 어렵게 암기를 했다 하더라도 시간이 조금만 지나면 그 외웠던 문장이 생각도 잘 안 날뿐더러 결정적으로 시험장에서 한 번도 본 적도 들어본 적도 없는 새로운 문제를 해결할 수 있는 응용력은 절대로 생겨나지 않는다.

그래서 만능문장을 암기할 때는 먼저, 우리나라 말로 스토리 틀을 잡은 다음에 영어로 키워드를 먼저 잡고, 그런 다음 영어문장 순서로 암기를 하면 훨씬 쉽게 암기 할 수 있다.

④ 파트5와 파트6만능문장을 시험장에서 실제로 사용하려면?

어차피 『파트5와 파트6 만능문장』 암기는 실제 시험장에서 사용하려고 암기하는 것이다. 암기했던 문장이 입에서 자연스럽게 술술 나올 정도로 완벽하게 암기가 되었다면, 매주마다 실시되는 토익스피킹 시험 후기를 찾아서 파트5와 파트6부분의 최신 문제를 보고, 우리나라말로 먼저 암기했던 『파트5와 파트6 만능문장』에서 필요한 부분들을 갖다 붙이는 연습을 한 다음, 영어문장으로 연습한 후에 답안시간 60초내에 답을 끝낼 수 있도록 순발력 훈련을 하면서 응용력을 키워야 한다.

⑤ 시험장에서 뻔뻔함과 자연스러움 그리고 자신감이 성적과 직결?

어차피, 시험장에서는 암기했던 『파트5와 파트6 만능문장』을 토시 하나 안 틀리고 똑같이 사용할 수 있는 경우는 없다. 시험장에서는 한 번도 본적이 없는 새로운 문제가 나온다. 만약 암기했던 문장으로 답을 할 수 있는 비슷한 문제유형이 나와주면 그건 '복불복'에 복이 들어온 케이스로 열심히 답을 잘 하면 고득점 레벨7/8로 갈 수 있는 기회가 온 것이다.

하지만 설사 파트5와 파트6 문제를 보고 순간 멘붕이 올 수 있는 그런 문제가 나왔다 하더라도 절대로 당황하지 말고 파트5와 파트6 답안틀에 맞춰서 암기했던 만능문장으로 무조건 갖다 붙여서 답을 해야 한다. 어차피 스스로 답을 할 수 있는 능력이 없다면, 이렇게라도 답을 해야 한다. 다만, 자연스럽게, 뻔뻔하게 그리고 자신감 있게 답을 하는 게 중요하며, 그렇게 답을 해야지 원하는 성적 레벨6이상을 받을 수 있기 때문이다.

Q10. Propose a solution
해결책 제시하기

 1단계 출제유형 파악하기

 2단계 출제유형 답안 템플릿

 3단계 출제유형 상황별 해결책

 4단계 출제유형 연습하기

 5단계 출제유형 최신기출 Actual Test

1단계 출제유형 파악하기

1. 시험구성

문제유형	40초~1분 분량의 전화음성메시지를 듣고, 전화음성메시지 형태로 답하는 문제
문제번호	다섯 번째 문제유형 파트5로 Q10번 문제로 한 문제가 배정
문제시간	준비시간 30초와 답안시간 60초가 주어진다
점 수	5점 만점 (0~5점) 문제로 배점도 높고, 가중치도 높은 문제로 고득점을 결정짓는 문제
채점기준	파트1 (발음 + 억양 + 강세 + 끊어읽기) + 파트2 (문법 + 어휘의 다양성 + 일관성) + 파트3 (내용의 연관성 + 내용의 일관성 + 내용의 완성도)
요구사항	(문제인식 + 문제해결책)이 답안에 반드시 포함

2. 득점포인트

✓ 남겨진 전화음성메시지에서 언급한 문제가 무엇인지와, 그리고 그 문제를 해결할수 있는 해결책 한가지를 반드시 답 속에 포함시켜야 한다.

✓ 자신이 문제해결 당사자로서 반드시 제시된 문제에 부합하는 해결책을 제시해야 한다. (참고로, 동문서답의 답안을 하거나, 주어진 문제를 부정하고 자신이 준비한 답으로 답을 해봤자 그런 답안들은 점수와는 거리가 멀다는 사실을 반드시 명심하자)

✓ 파트5의 채점기준에 부합하는 답안을 완성한다.

✓ 60초 답안 분량 중에서 적어도 55초 이상분량으로 짧지 않는 문장으로 최소 8문장 이상의 일관성있는 답안을 완성한다.

✓ 말하기 시험은 상대방, 즉 채점자가 알아들을수 있는 말을 하는게 중요함으로, 상대방이 알아들을수 있도록 자신있는 큰 목소리로 명확하고, 또박또박하게 자신의 말을 상대방에게 잘 전달시킬수 있도록 말을 해야 한다.

3. 출제유형 파악

▶ 남겨진 전화음성 메세지 내용은 주로 ❶조언을 구하는 문제와 ❷두가지 해결책 중에서 한가지를 선택하는 선택형 문제, 그리고 ❸불만에 관한 내용을 다루고 있다.

남겨진 전화음성 메시지	예시 내용
조언을 구하는 문제	• 커피숍에서 함께 판매할 스낵과 디저트 판매를 촉진하고 싶다.
	• 음식판매 촉진을 위한 마케팅 방안에 대한 설문조사를 실시하고 있는데 참여율이 저조하다.
	• 큰건물을 완공했는데 방문객들이 이 건물 안에 있는 상점과 시설들에 대한 정확한 위치를 잘모른다.
	• 화장품 신상품 개발을 위해 volunteers 모집해서 정보수집을 하고 있는데, 수집된 정보가 쓸만한 게 없다.
	• 버스이용 확대를 위해서 버스노선증편을 했고 이에 대한 홍보방안으로 온라인 광고도 했지만, 여전히 자가운전을 많이 한다
	• 내일 중요한 회의를 하는데 그 중요회의에서 발표할 사람이 급한 일이 생겨서 비행기를 타고 회의에 올 수가 없다고 한다.
2가지 중에서 한가지를 선택하는 선택형 문제	• 은퇴파티를 하는데 적은 예산에 맞게 조그만 레스토랑에서 조촐하게 하는 게 좋은지? 아니면 직원들로 하여금 음식을 각자 가져오게 해서 potluck 형태의 파티를 하는 게 좋은지?
	• 회사의 신상품을 홍보할 건데, 유명한 전문배우를 쓸 건지? 아니면 비용을 절감하는 차원에서 회사직원을 써야할지?
	• 가구를 만드는 목재를 공급하는 회사가 부도가 나서 새로운 업체를 선정해야 하는데, 한곳은 오랜 경험을 가진 회사로 품질은 좋지만 가격은 비싸고, 다른 업체는 가격은 저렴한데 신생업체이다. 어디를 선정해야하는지?
불만사항에 대한 문제	• 레스토랑에 오신 손님들이 음식을 주문하고 나서 음식이 나오는 시간이 너무 오래 걸린다고 불평한다
	• 직원교육을 실시했음에도 불구하고, 여전히 일부 직원은 실수를 많이 해서 고객들로 하여금 업무미숙에 대한 불평을 많이 듣는다.
	• 마트계산대에 계산하는데 줄이 너무 길어서 계산하기 위해 기다리는 시간이 너무 오래걸린다고 손님들이 불평한다.

2단계 출제유형 답안만들기

1 남겨진 전화음성메세지 분석

❶누가 메시지를 남겼는지 ❷어떤 문제 때문에 메시지를 남겼는지 ❸원하는 사항이 무엇인지에 대해 잘 안들리겠지만 그래도 이 세가지에 대한 핵심 키워드만이라도 들어보려고 애써보자

[남겨진 전화음성 메시지 내용순서]

순서	듣기 내용	반드시 들어야 할 부분
1	누가 메시지를 남겼는지 이름 언급	○
2	서론	
3	어떤 문제 때문에 메시지를 남겼는지 문제언급	○
4	메시지를 받는 사람에게 원하는 구체적사항 언급	○
5	연락처 남기고 마무리	

2 답하는 전화음성메시지 답안템플릿

답에는 반드시 ❶어떤 문제 때문에 메시지를 남겼는지에 대한 문제를 언급하고, ❷그 문제를 해결하는 해결책을 최소 1가지는 반드시 포함시켜야 한다.

[답하는 전화음성메시지 답안템플릿 순서]

순서	내용	템플릿 문장
①	인사 + 소개	• Hello/Hi, + 메시지 남긴사람 이름. (여보세요. ~씨) • This is + 메시지 답하는 사람 이름 + (calling from 회사명/부서명/직종명) 저는 ~에서 전화하는 ~입니다.
②	전화건 목적 언급	• I am retuning your voice message regarding your/the problem. 제게 전화음성메시지를 남기셔서 전화를 드립니다.

③	남겨진 메시지에서 언급한 문제 (☞ ① + ② + ③ 단계까지 약 30초 분량의 답안을 작성한다.)	• According to your message, 당신메시지에 따르면	
		▶ 남겨진 전화음성메시지에서 문제부분을 그대로 차용해서 쓰거나, 아니면 그 문제부분에서 핵심키워드만을 조합해서라도 적어도 1문장이라고 언급하는게 좋다. ▶ [S+V] 문장형식으로 [10~15초분량]으로 2문장 정도 언급	
		• So, you need my advice / ideas / suggestions / solutions to solve the problem. 그래서 그 문제를 해결하기 위해 저의 조언/아이디어/제안/해결책이 필요하다는 것이지요. • Here is my advice / idea / suggestion / solution for you. 당신을 위한 저의 조언/아이디어/제안/해결책이 있습니다.	
④	해결책 제시	• First of all, ~ ▶ 상황별 해결책 제시 [문제에 부합하는 해결책 최소 1개 제시] ▶ 문제와 부합하지 않는 해결책 제시는 감점요인임으로 주의	
	답안시간 메꿀 때 사용하는 문장	• Well, the idea / suggestion/solution that I just mentioned is what I have for you at this moment, but if I come up with a better idea / suggestion / solution later, I will let you know immediately. 지금 방금 언급한 아이디어/제안/해결책 밖에 없는데, 나중에 더 좋은 아이디어/제안/해결책이 생각나면, 바로 알려드리겠습니다.	
⑤	마무리	선택문장	• I hope(=Hopefully) this will help you solve the problem. 이것이 그 문제를 해결하는데 도움이 됐으면 합니다.
		둘 중에 한가지만 선택	• If you have any further questions, please call me back any time. 질문이 더 있으시면, 언제라도 전화 주시기 바랍니다. • If you need more help, please call me back anytime. 도움이 더 필요하시면, 언제라도 전화 주시기 바랍니다
		• Thank you / Thanks / Bye. 감사합니다./그럼,이만	

3 답안순서 템플릿 연습

Hello, _____메시지 남긴 사람의 이름_____. This is _____메시지 답을 하는 사람의 이름_____ (calling from _____.) I am returning your voice message regarding your problem. According to your message, ___문제인식 (1~3문장 분량)___
_____.

So, you need my advice on how to solve the problem. Here is my suggestion for you.

First of all, _____해결책 (주어진 문제상황에 맞게 최소 한 가지 제시)_____
_____.

→ _____해결책 제시 한 가지를 한 후에 답안 시간이 남았을 때 답안시간 분량 채우는 문장_____
(Well, the suggestion that I just mentioned is what I have for you at this moment, but if I come up with a better suggestion later, I will let you know immediately.)

I hope(=Hopefully) this will help you solve the problem. If you need more help, please call me back anytime. Bye.

MEMO

3단계 출제유형 상황별 해결책

▶ CMM (Choice+Mix=Match) 방법으로 문장활용하기

→ 해결책 부분에서 제시하는 콤보답안은 파트5뿐만 아니라, 파트3와 파트6에서도 필요한 콤보 답안 부분만을 선택해서 적절하게 섞어서 유용하게 사용할 수가 있다.

1 고객유치/매출증대/상품홍보/판매증대 해결책① 〔05 Basic 01_01~06〕

번호	해결책 아이디어	콤보답안 문장
①	가격할인 (같은 질을 유지)	• Why don't you keep the prices of coffee as low as possible? 가능한한 가격을 낮추는 게 어떻겠습니까? • For example, if your coffee shop provides the same good quality of coffee at lower prices, more customers will visit your coffee shop. 예를들어, 당신 커피숍이 낮은 가격에 좋은 질의 커피를 제공한다면, 더 많은 고객들이 당신 커피숍을 방문할 겁니다
②	전단지 배포 (주변지역에)	• It is a good idea to distribute flyers in the surrounding areas to promote special offers like discounted prices or special services 가격할인이나 할인가격 쿠폰 같은 특별서비스를 홍보하기 위해서 주변지역에 전단지/포스터를 배포하는 것도 좋은 생각입니다.
③	프로모션/이벤트 진행	• Why don't you hold some promotional events like a concert or a dance to attract people's attention? 사람들의 관심을 끌기 위해서 콘서트나 댄스 같은 홍보이벤트를 여는 게 어떻겠습니까? • Why don't you distribute discount coupons or hold a promotional event with giveaway items? 할인쿠폰을 배포하거나, 경품을 나눠주는 홍보 이벤트를 여는 게 어떻겠습니까?
④	광고비가 적게드는 SNS를 통해서 고객들에게 먼저 정보를 알려주자	• It is very important to let people know about your coffee shop's promotional events. 당신 커피숍의 홍보이벤트에 대해서 사람들에 알려주는 것도 중요합니다 • So, why don't you use social media as an advertising / marketing tool? 광고/마케팅 도구로서 소셜미디어을 사용하는게 어떻겠습니까? • As you know, nowadays, many people have easy access to social media through their smart phones or tablets. Because

		of this, using social media like Facebook or Twitter is the most effective way to attract people's attention to your coffee shop. 아시다시피, 요즘은 많은 사람들은 스마트폰이나 태블릿을 통해서 소셜 미디어에 쉽게 접근을 할기 때문에 페이스북이나 트윗 같은 소셜미디어를 사용하는게 당신 커피숍에 사람들의 관심을 끄는 가장 효과적인 방법입니다
⑤	주말에 손님유치 방법 (영화관,빵가게, 커피샵,식당 등)	• Why don't you give customers some incentives like free soft drinks or popcorn when more than 4 people watch movies at your cinema on weekends? 4명 이상의 사람들이 주말에 당신 영화관에서 영화를 볼 때, 무료음료나 팝콘을 주는게 어떻겠습니까
		• I think it is the most effective way to solve the problem. If I come up with a better idea later, I will let you know immediately 이것이 문제를 해결하는 가장 효과적인 방법이라고 생각합니다. 나중에 더 좋은 생각이 떠오르면, 바로 알려드리겠습니다.

2 고객유치/매출증대/상품홍보/판매증대 해결책② 🎧 05 Basic 02 01~12

번호	해결책 아이디어	콤보답안 문장 (*참고로 핵심키워드는 문제에 맞게끔 교체)
①	쇼핑몰을 renovation을 해서 고객들이 쇼핑하기 좋은 곳으로 만들었다고 알리고 싶다. → SNS 이용	• It is very important to let people know about your renovated shopping mall. 사람들이 당신의 쇼핑몰이 새롭게 단장되었다는 것을 알도록 하는 게 중요합니다.
		• So, why don't you use social media as an advertising tool? As you know, nowadays, many people have easy access to social media through their smart phones or tablets. 광고 도구로서 소셜미디어를 사용하는 게 어떻겠습니까? 아시다시피, 요즘은, 많은 사람들이 스마트폰이나 태블릿을 통해서 소셜미디어에 쉽게 접근을 합니다.
		• Because of this, using social network services like Facebook or Twitter is the most effective way to attract people's attention to your newly renovated shopping mall. 이것 때문에 페이스북이나 트위터 같은 소셜미디어를 사용하는 것이 새롭게 단장한 당신의 쇼핑몰에 대해서 사람들의 관심을 끄는 가장 효율적인 방법입니다.
②	커피숍을 운영하는데 스낵과 디저트를 함께 잘 팔고 싶다. → 전단지/포스터 배포	• It is a good idea to distribute flyers or posters in the surrounding areas to promote special offers like discounted prices or reduced price coupons. 가격할인이나 할인가격 쿠폰 같은 특별서비스를 홍보하기 위해서 주변지역에 전단지/포스터를 배포하는 것도 좋은 생각입니다.

③	영화관에 젊은 사람들이 많이 영화를 보러 오게 하고 싶다. → 프로모션 이벤트 개최	• Why don't you hold some promotional events like a concert or a dance to attract young people's attention? 사람들의 관심을 끌기 위해서 콘서트나 댄스 같은 홍보이벤트를 여는 게 어떻겠습니까?
		• It is a good idea to provide some incentives like reduced prices or **free soft drinks and popcorn when more than 4 people watch movies at your cinema.** 4명 이상의 사람들이 당신 영화관에서 영화를 볼 때, 무료음료나 팝콘을 제공하는 것도 좋은 생각입니다.
④	스키레슨을 개설했고, 온라인광고와 sns 광고도 했는데, 사람들이 등록을 안 한다. →수업료 할인	• Why don't you keep the tuition fees as low as possible? 가능한 한 수업료를 낮추는 게 어떻습니까?
		• For example, if you provide the same good quality ski lessons at lower prices, more people will sign up for your ski classes. 예를 들어, 저렴한 가격에 질 좋은 스키강좌를 제공해주면, 더 많은 사람들이 당신 스키강좌에 등록을 할 것입니다.
		• I think it is the most effective way to attract more people to your ski classes. 그것이 당신 스키강좌에 더 많은 사람들을 모을 수 있는 가장 효과적인 방법이라고 생각합니다.
⑤	근처에 새로운 빵가게가 생겨서 손님을 빼앗기지 않고 계속 유지하고 싶다. →가격할인	• Why don't you keep the prices of bakery products as low as possible? 가능한 한 빵 가격을 낮추는 게 어떻겠습니까?
		• For example, if your bakery provides the same quality baked goods such as breads, cakes and pastries at lower prices, more customers will visit your bakery. 예를 들어, 빵, 케이크 그리고 패스트리 같은 질 좋은 빵을 낮은 가격으로 제공한다면, 더 많은 고객들이 당신 빵 가게를 방문할 것입니다.
		• I think it is the most effective way to keep your customers and to attract more new customers to your bakery. 그것이 고객을 유지하고 새로운 고객을 당신 빵 가게에 오게 하는 가장 효과적인 방법이라고 생각합니다.

3 직원선발-고용/직원교육 해결책① 🎧 05 Basic 03_01~10

번호	해결책 아이디어	콤보답안 문장
①	신입직원을 뽑았는데 업무에 빨리 적응을 못한다. →효율적인 교육 실시 →일대일 미팅을 통한 후속조치강구	• Why don't you offer the employee more effective training or some other ways to help her adjust to the work to do her job well? 그녀가 업무에 적응하고 자기 일을 잘할 수 있도록 더 효율적인 트레이닝 또는 다른 방법을 제공하는 것이 어떻습니까? • If you have already trained the employee, it is a good idea to have a face-to-face meeting with her so that you can figure out other ways to help her. 만약, 그 직원을 벌써 트레이닝 시켰다면, 그녀를 돕기 위한 다른 방법을 고안해 내기 위한 일대일 미팅을 가지는 것도 좋은 생각입니다.
②	현재 직원수가 부족해서 고객들의 질문에 빨리 응대 할 수 없어 고객의 불만의 소리가 높다. → 알바 직원고용	• Why don't you hire some part-time staff to help customers? 고객들에게 도움을 줄 수 있는 파트타임 직원을 고용하는 게 어떻습니까? • If so, it can reduce customers' complaints about the issue. In addition, hiring part-timers costs less money than hiring full-time employees. 그렇게 한다면, 이 문제에 대한 고객들의 불평을 줄일 수 있습니다. 게다가, 파트타임 직원을 고용하는 것은 풀타임 직원을 고용하는 것보다 비용이 덜 듭니다.
③	직원이 실수를 많이 해서 고객응대를 잘하지 못한다. →효율적인 교육실시 →일대일 미팅을 통한 후속조치강구	• Why don't you offer the employee more effective training or some other methods to help the employee stay productive and effective at work? 직원이 직장에서 더 생산적이고 더 효율적으로 일할 수 있도록 도움을 줄 수 있는 더 효율적인 트레이닝 또는 다른 방법을 그 직원에게 제공하는 게 어떻습니까? • If you have already trained the employee, it is a good idea to have a face-to-face meeting with her so that you can figure out other ways to help her. 만약, 그 직원을 벌써 트레이닝 시켰다면, 그녀를 돕기 위한 다른 방법을 고안해 내기 위한 일대일 미팅을 갖는 것도 좋은 생각입니다.
④	건물이 너무 커서 상점과 이용시설의 위치를 방문객들이 잘 못 찾는다. → 리셉셔니스트를 고용하기	• Why don't you hire a receptionist to help people visiting your building? 건물을 방문하는 사람들에게 도움을 주기 위해 리셉셔니스트를 고용하는 게 어떻습니까? • For example, if a receptionist works at the entrance or lobby of your building, the receptionist can handle the problem by directing the visitors to the correct parts of the building. 예를 들어, 만약 리셉셔니스트가 건물의 입구나 로비에서 일하게 되면, 그 리셉셔니스트는 방문객들에게 건물의 정확한 부분들을 알려줌으로써 그 문제를 해결할 수 있습니다.

번호	해결책 아이디어	콤보답안 문장
⑤	서점에서 도서 재배치로 손님들이 책을 잘 못 찾는다. → 검색컴퓨터 설치 → 알바 직원고용	• Why don't you install some computers inside the store so that customers can easily locate the books that they need by searching a database on the computers? 고객들이 컴퓨터 데이터베이스를 검색함으로써 그들이 필요한 책의 위치를 쉽게 찾을 수 있도록 가게 안에 컴퓨터를 설치하는 게 어떻습니까?
		• It is a good idea to hire some part-time staff to help customers find the books that they need. 고객들이 원하는 책들을 찾을 수 있도록 파트타임 직원들을 고용하는 것도 좋은 생각입니다.

4 직원선발-고용/직원교육 해결책② 05 Basic 04_01~09

번호	해결책 아이디어	콤보답안 문장 (*참고로 핵심키워드는 문제에 맞게끔 교체)
①	개발 네트워크를 테스트할 재택근무 직원 2명만 뽑아야 하는데 지원자가 너무 많다. → 자질검토	• Why don't you check their qualifications such as job related experiences, business knowledge, and communication skills? 업무관련 경험, 비즈니스 지식, 그리고 커뮤니케이션 같은 자질들을 검토하는 게 어떻습니까?
		• I think these qualifications are very important for the position. 이런 자질들은 그 직책에 매우 중요하다고 생각합니다.
②	새로운 시스템도입으로 전자문서로 보고서를 작성할 수 있는데 아직도 종이문서로 서류를 작성하는 직원이 많다. → 공지/알림	• It is very important to let the employees know about the situation. 직원들로 하여금 그 상황에 대해서 알도록 하는 게 매우 중요합니다.
		• So, why don't you offer the employees more effective training or some other ways to motivate the employees to use the new software at work? 직원들이 직장에서 새로운 소프트웨어로 사용하도록 고무시킬 수 있는 더 효율적인 트레이닝 또는 다른 방법을 그 직원에게 제공하는 게 어떻습니까?
③	회사업무 때문에 직원들이 국제회의에 참석해야 하는데 출장비용 때문에 선별해서 보내야 한다. → 자질검토	• Why don't you check their qualifications such as job related experiences, business knowledge, and communication skills? 업무관련 경험, 비즈니스 지식, 그리고 커뮤니케이션 같은 자질들을 검토하는 게 어떻습니까?
		• I think these qualifications are very important for the employees participating in the conference. 이런 자질들은 그 회의에 참가하는 직원들에게 매우 중요하다고 생각합니다.

④	신입직원이 업무분야가 다른데도 자꾸 내게 질문을 해서 곤란하다. → 공지/알림 → 직속매니저와 미팅주선	• It is very important to let the employee know who his immediate supervisor is. 직속상사가 누구인지 그 직원에게 알도록 해준 것도 매우 중요합니다. • So, why don't you arrange a face-to-face meeting with his immediate supervisor? I think it is the most effective way to solve the problem. 그의 직속상사와 일대일 미팅을 주선하는 게 어떻습니까? 그것이 이 문제를 해결하는 가장 효율적인 방법이라고 생각합니다.
⑤	올해 음악경연대회에 좋은 심사위원을 뽑으려고 신문광고와 온라인 광고를 했는데 좋은 지원자가 너무 많아 선발이 어렵다. → 자질검토	• Why don't you check their qualifications like job-related experiences and work-related expertise and skills? I think these qualifications are very important for the position. 업무관련 경험, 업무관련 전문지식과 스킬 같은 자질들을 검토하는 게 어떻습니까? 저는 이런 자질들은 그 직책에 매우 중요하다고 생각합니다.

5 설치/알림/공지 해결책① 🎧 05 Basic 05_01~12

번호	해결책 아이디어	콤보답안 문장 (*참고로 핵심키워드는 문제에 맞게끔 교체)
①	계산대 줄이 길어 계산하는데 시간이 많이 걸린다. 새 직원을 고용할 여력은 안 된다. → 셀프 계산대를 설치	• Why don't you install some self-check-out counters inside the store? 셀프 계산대를 가게 안에 설치하는 게 어떻습니까? • If so, it can reduce the customers' complaints about waiting too long in lines at the check-out counters. 그렇게 한다면, 계산대에서 긴 줄로 오래 기다리는 것에 대한 고객들의 불평들을 줄일 수 있습니다.
②	주문한 음식이 나오는 시간이 길다. → 보조셰프를 고용 → 미리 음식을 주문 받는 예약시스템	• It is very important to serve food to customers quickly at a restaurant. So, why don't you hire some assistant chefs to prepare food faster for customers? 식당에서 고객들에게 음식을 빨리 제공하는 것이 매우 중요합니다. 그래서 고객들에게 음식을 빨리 제공하기 위해서 몇몇 보조 셰프들을 고용하는 게 어떻습니까? • If hiring some assistant chefs is not a good idea to solve the problem, it is a good idea to set up an online food ordering system. 몇몇 보조 셰프들을 고용하는 게 이 문제를 해결하는 좋은 생각이 아니라면, 온라인으로 음식을 주문하는 시스템을 만드는 것도 좋은 생각입니다.

③	건물복도에 쓰레기를 투기해서 위생상 불결하고 냄새도 많이 난다. → 공지/알림	• It is very important to let people living in the building know about the situation. 이 건물에 사는 사람들이 이 상황에 대해서 알도록 하는 것이 매우 중요합니다.
		• So, why don't you send out a broadcast about the issue through the building? 그래서 건물전체에 이 문제에 대해 방송을 내보는 게 어떻습니까?
		• If so, people living in the building will be more careful about the issue. In addition, it is a good idea to place a notice about the issue on a bulletin board in the building. 만약, 그렇게 한다면, 이 건물에 사는 사람들은 이 문제에 대해서 더 조심하게 될 것입니다. 게다가, 건물게시판에 이 문제에 대해서 공고 하는 것도 좋은 생각입니다.
④	아파트 입주민 주차공간에 자꾸 외부방문객들이 주차를 해서 입주민들이 주차할 때 불편을 겪는다. →공지/알림	• It is very important to let visitors know about the situation. 방문객들이 이 상황에 대해서 알도록 하는 게 매우 중요합니다.
		• So, why don't you set up a message board in the parking lot saying that this parking area is reserved only for tenants? 그래서 이 주차지역은 오직 입주민들을 위해 지정된 곳이라 말하는 표지판을 주차장에 세우는 게 어떻습니까?
		• If so, visitors will be more careful about the issue. 그렇게 한다면, 방문객들은 이 문제에 대해서 더 조심하게 될 겁니다.
⑤	조립가구를 구입했는데 안에 설명서가 없다. → 인터넷에서 다운받기	• Why don't you tell the customers that they can download the manuals from the Internet? 인터넷에서 매뉴얼을 다운받을 수 있다고 고객들에게 얘기 하는 게 어떻습니까?
		• As you know, nowadays, many people have easy access to the Internet through their smart phones or tablets. Because of this, they can easily download the manuals on their smart phones. 아시다시피, 요즘은 많은 사람들이 스마트폰이나 태블릿을 통해서 소셜미디어에 쉽게 접근을 합니다. 이것 때문에 사람들은 스마트폰으로 매뉴얼을 쉽게 다운 받을 수 있습니다.

6 보상/이득/정보제공 해결책   05 Basic 06_01~12

번호	해결책 아이디어	콤보답안 문장 (*참고로 핵심키워드는 문제에 맞게끔 교체)
①	음료상품개발로 음료 시음회를 통한 고객의 피드백이 중요한데 고객들이 피드백을 잘 안 준다. → 보상	• Why don't you give the customers some promotional giveaway items as a small token of your appreciation? 조그만 감사의 표시로 고객들에게 판촉 경품을 나눠주는 게 어떻습니까? • As you know, there is an English saying that money speaks louder than anything else. I think it is the most effective way to solve the problem. 아시다시피, 돈이 가장 큰소리친다는 영어속담이 있습니다. 그것이 이 문제를 해결하는 가장 효율적인 방법이라고 생각합니다.
②	화장품 개발에 필요한 정보수집을 위해서 지원자를 모집해서 정보를 수집했는데 그 정보가 별로 도움이 안 된다. → 올바른 정보 제공자 선정 → 정확한 가이드라인 제시	• It is very important from the beginning to select the right information providers when your company wants to gather information needed to develop a new product. 신상품을 개발하기 위해 회사가 원하는 필요한 정보를 수집하기 위해서는, 처음부터 올바른 정보제공자들을 선택하는 게 매우 중요합니다. • Then, it is also important to give the information providers the right guidelines about what exact information your company wants from them. 그렇다면, 회사가 그들로부터 원하는 정확한 정보에 대해서 정보제공자들에게 올바른 가이드라인을 주는 것 또한 중요합니다.
③	도시전체가 자동차가 너무 많아서 사람들에게 자전거를 이용하도록 고무시키고 싶다. → 알림/SNS 이용 → 이점강조	• It is very important to let people living in the city know about this cycling campaign. So why don't you use social media as a way to spread the word about the cycling campaign? 이 도시에 사는 사람들에게 사이클링 캠페인에 대해서 알려주는 게 매우 중요합니다. 그래서 그 사이클링 캠페인에 대한 정보를 퍼트리는 방법으로 소셜미디어를 사용하는 게 어떻습니까? • **During the cycling campaign**, it is also important to **emphasize** the environmental **benefits** of **bicycling**. 사이클링 캠페인 기간 동안, 자전거를 타는 환경적인 이점들을 강조하는 것 또한 중요합니다.
④	중요행사를 지원해줄 스폰서를 구하는 게 어렵다. → 알림/SNS 이용 → 이점강조	• It is very important to let companies know about the event. So, why don't you use social media as a way to spread the word about the event? 회사들로 하여금 그 이벤트에 대해서 알게 하는 게 매우 중요합니다. 그래서 그 이벤트에 대한 정보를 퍼트리는 방법으로 소셜미디어를 사용하는 게 어떻습니까? • It is also important to emphasize what benefits companies would get when they become sponsors for the event. 기업들이 그 이벤트의 스폰서가 되었을 때 어떤 이점들을 얻게 되는지에 대해서 강조하는 것 또한 중요합니다.

⑤	직원들의 사기저하로 매출이 감소하고 있는데 직원들 업무의욕을 고취시키고 싶다. → 보상	• Why don't you give the employees some financial incentives like cash bonuses or paid holidays as a token of your appreciation for their hard work? 직원들이 열심히 일한 것에 대한 감사의 표시로 현금 보너스나 유급월차 같은 인센티브를 제공하는 게 어떻습니까?
		• I think it is the most effective way to motivate the employees to work harder and better. 그것이 직원들이 더 열심히, 그리고 더 잘 일할 수 있도록 동기부여 가장 효율적인 방법이라고 생각합니다.
⑥	지역 커뮤니티에서 중요행사를 하는데 일을 도와줄 대학생 자원봉사자들 모집이 잘 안 된다. → 알림/SNS 이용 → 이점강조	• It is very important to let college students know about the volunteer recruitment for the event. So, why don't you use social media as a way to spread the word about the information? 대학생들이 그 이벤트에 자원봉사자를 모집한다는 것을 알도록 하는 게 매우 중요합니다. 그래서 그 정보를 퍼트리는 방법으로 소셜미디어를 사용하는 게 어떻습니까?
		• It is also important to emphasize the benefits they get when they volunteer for the community event, such as developing new skills and receiving college credit. 지역사회 이벤트에 자원봉사자가 되었을 때 새로운 스킬을 개발하거나, 학점을 받을 수 있는 여러 이점들을 강조하는 것도 중요합니다.

7 2가지 중에서 한가지 선택형 해결책 05 Basic 07_01~10

번호	해결책 아이디어	콤보답안 문장 (*참고로 핵심키워드는 문제에 맞게끔 교체)
①	은퇴파티를 하는데 적은 예산에 맞게 조그마한 식당에서 해야 할 지? 아니면 직원들이 음식을 각자 준비해서 음식 비용을 아껴 큰 식당에서 해야 할 지? → 큰 식당 선택 (음식에서 비용 절감)	• If I were you, I would choose a big restaurant for the retirement party. 제가 만약 당신이라면, 은퇴파티를 열 장소로 큰 식당을 선택할겁니다.
		• As you know, at a party, the more, the merrier. So, having the retirement party at a large restaurant is the right choice. Also, you can save money if every employee brings food for the party. 아시다시피, 파티는 사람이 많으면 많을수록 더 즐겁습니다. 그래서 큰 식당에서 은퇴파티를 여는 것이 올바른 선택입니다. 또한, 직원들 모두가 그 파티에 쓸 음식을 가지고 온다면 비용도 줄일 수 있습니다.

②	회사 신상품 광고를 해야 하는데 유명한 전문배우를 써야 할지? 아니면 비용이 절감되는 회사직원을 써야 할지? → 전문배우 선택 (고객에게 미치는 영향력 때문에)	• If I were you, I would choose a professional actor or actress rather than your company's employee to advertise your company's new product. 제가 만약 당신이라면, 당신 회사의 신상품들을 광고하기 위해서는 당신 회사직원 보다는 전문배우를 선택할 겁니다.
		• This is because, as you know, a professional actor or actress can have more influence on customers in regards to your company's new product. 왜냐하면, 아시겠지만, 전문배우는 당신 회사의 신상품에 대해서 고객들에게 더 많은 영향력을 끼칠 수 있기 때문입니다.
③	목재를 제공해줄 업체를 선정해야 되는데, 좋은 품질의 목재를 제공하는 신뢰할 만한업체를 해야 할지? 아니면 저렴한 가격을 제공하는 신생업체로 해야 할지? → 신생업체 선택 (가격 경쟁력 때문에)	• If I were you, I would choose a company that provides low prices. This is because, as you know, a competitive price is very important for your business. 제가 만약 당신이라면, 낮은 가격을 제공하는 회사를 선택할 겁니다. 왜냐하면, 아시다시피, 경쟁력 있는 가격이 당신 비즈니스에 매우 중요하기 때문입니다.
		• For example, you can provide your products at lower prices. In the end, it is better for your company as well as for the customers. 예를 들어, 낮은 가격으로 당신 상품을 제공할 수 있습니다. 결국, 회사뿐만 아니라 고객들에게도 좋은 일입니다.
④	직원들을 위한 파티를 하는데 기존업체의 음식가격이 비싸서 음식을 조금만 준비하는 게 나을지? 아니면 저렴한 가격을 제공하는 딴 업체를 알아보는 게 좋을지?→ 저렴한 가격 제공업체 선택	• If I were you, I would choose a new catering company that provides enough food at lower prices. 제가 만약 당신이라면, 낮은 가격에 충분한 음식을 제공하는 새로운 음식공급 업체를 선택할겁니다.
		• As you know, at a party, the more, the merrier. So, enough food and drink is necessary for every employee to enjoy the party. 아시다시피, 파티는 사람이 많으면 많을수록 더 즐겁습니다. 그래서 모든 직원들이 파티를 즐기기 위해서는 충분한 음식과 음료는 필수입니다.
⑤	가게 손님유치를 위해서 리모델링을 해야 하는지? 아니면 광고를 해야 되는지? → 가게 리모델링 선택	• If I were you, I would choose the store remodeling to attract more customers. 제가 만약 당신이라면, 더 많은 고객들을 오게 하도록 하기 위해서 가게 리모델링을 선택할겁니다.
		• This is because the remodeling will give your store a fresh look, which will play a key role in attracting customers' attention. Instead, it is important to remodel your store at a price you can afford. 왜냐하면, 가게 리모델링은 가게를 산뜻하게 보이게 만들어주고, 이것은 고객들의 관심을 끄는 중요한 역할을 하게 될 겁니다. 대신에, 감당할 수 있는 비용으로 가게를 새로 단장하는 것이 중요합니다.

8 공간/시간부족 문제 해결책 05 Basic 08_01~10

번호	문제/해결책 아이디어	답안 문장 (*참고로 핵심키워드는 문제에 맞게끔 교체)
①	직원들이 갑자기 늘어나서 회사에 주차공간이 부족하다. 밤늦게까지 일을 해야 하기 때문에 차가 꼭 필요한 상황이다. → 회사주변에 주차공간 대여	• Why don't you rent some parking spaces near the company until the parking problem is solved? 주차문제가 해결될 때까지 회사근처에 주차공간을 돈 주고 빌리는 게 어떻습니까? • If so, it can reduce the employees' complaints about the parking space problem. I think it is the most effective way to solve the problem. 그렇게 한다면, 주차공간 문제에 대한 직원들의 불평을 줄일 수 있습니다. 이 방법이 이 문제를 해결하는 가장 효율적인 방법이라고 생각합니다.
②	1주간 2층 사무실 보수공사 때문에 직원들이 일할 사무실 공간이 부족하다. → 임시로 회의실을 사용 → 직원들 업무 시간 조정	• Why don't you use the conference or seminar rooms as temporary office spaces until the renovation work is completed? 레노베이션 일이 완성될 때까지 회의실이나 세미나실을 일시적인 사무실 공간으로 사용하는 게 어떻습니까? • It is a good idea to adjust the working hours. For example, some employees can work early in the morning, and others can work late at night. In this way, a lack of office space is solved during the office renovations. 업무시간을 조정하는 것이 좋은 생각입니다. 예를 들어, 일부 직원들은 아침 일찍 일하고, 나머지 직원들은 밤늦게 일을 하게 되면, 사무실공간부족 문제는 사무실 레노베이션하는 동안 해결될 수 있습니다.
③	박물관 전시행사에 참석할 인원이 예상보다 많아서 관람객이 한꺼번에 몰리게 되면 전시관람이 원활하게 진행되지 못할 것 같다. → 알림/예약 시스템	• It is very important to let visitors know about the situation. 방문객들에게 이런 상황을 알려주는 게 매우 중요합니다. • So, why don't you set up an online reservation system? If so, it can help visitors plan their visiting times to the museum, and they can avoid crowded situations. 그래서 온라인 예약시스템을 만드는 게 어떻습니까? 만약 그렇게 한다면, 방문객들이 박물관을 방문하는 시간을 미리 계획을 잡을 수 있게 해줄 수 있고, 그리고 혼잡한 상황도 피할 수 있게 해줄 수 있습니다.

④	박람회에서 고객들에게 우리회사 상품을 소개할 소개책자에 중요 정보가 빠져 있다. 상품소개 책자를 다시 제작할 시간은 없다. → TV 화면에서 볼 수 있도록 PPT 만들기	• Why don't you make a presentation about the brochure's missing information so that customers can see it on a big screen? 고객들이 큰 화면에서 볼 수 있도록 안내책자에서 빠진 정보에 관해서 프레젠테이션을 만드는 게 어떻습니까?
		• I think it is the most effective way to solve the problem. Well, the suggestion that I just mentioned is what I have for you at this moment. But, if I come up with a better idea later, I will let you know immediately. 이것이 그 문제를 해결하는 가장 효율적인 방법이라고 생각합니다. 방금 언급한 제안이 지금 제가 당신에게 줄 수 있는 것이지만, 나중에 더 좋은 생각이 떠오르게 되면, 즉시 알려드리겠습니다.
⑤	전시공간이 부족해서 참여하는 모든 작품을 전시할 수가 없어서 전시할 작품선정을 해야 한다. → 전문가 조언 → SNS를 통한 조사	• Why don't you ask for advice from experts? As you know, they have an eye for good artwork. 전문가에게서 조언을 구하는 게 어떻겠습니까? 아시다시피, 그들은 좋은 작품을 볼 수 있는 안목이 있습니다.
		• In addition, it is a good idea to use social media like Facebook or Twitter to conduct a survey about choosing good artwork. 게다가, 좋은 작품을 뽑는데 있어서 페이스북이나 트위터 같은 소셜미디어를 이용해서 설문조사를 하는 것도 좋은 생각입니다.

9 고장/돌발상황 문제 해결책 05 Basic 09_01~12

번호	문제/해결책 아이디어	답안 문장 (*참고로 핵심키워드는 문제에 맞게끔 교체)
①	오늘 우리 호텔에서 중요회의를 하는데 회의실 한곳에 에어컨 작동이 안 된다. 시설 과에서도 고칠 수 없다고 한다.→ 회의실 교체 또는 휴대용 에어컨/선풍기 구입	• First of all, why don't you check if we have another conference room available with good air-conditioning? 먼저, 에어컨 작동이 잘 되는 다른 회의실이 있는지 확인해 보는 게 어떻겠습니까?
		• Other than that, it is a good idea to buy some portable air conditioners or fans to cool down the conference room. I think it is the most effective way to solve the problem. 그게 아니라면, 회의실을 시원하게 만들기 위해서 휴대용 에어컨이나 선풍기를 구입하는 것도 좋은 생각입니다.

②	직원휴게실에 있는 냉장고가 고장이 났다. 수리하는데 1주일이 걸린다고 하는데 더운 날씨에 직원들 점심도시락을 보관할 곳이 없다. → 휴대용 아이스 박스 구입	• Why don't you buy some portable ice boxes or coolers to store the food that employees bring to work? 직원들이 직장에 가져오는 음식을 저장하기 위해서 휴대용 아이스 박스나 냉장박스를 구입하는 게 어떻습니까?
		• If so, it can reduce the employees' complaints about the issue. 그렇게 한다면, 그 문제에 대한 직원들의 불평을 줄일 수 있습니다.
		• Well, if I come up with a better idea later, I will let you know immediately. 나중에 더 좋은 생각이 떠오르게 되면, 즉시 알려드리겠습니다.
③	오늘저녁에 극장에 중요행사가 있는데 그 행사가 예정된 이벤트 홀에 난방이 안 된다. → 휴대용 난방기 구입	• First of all, why don't you check if we have another event hall with a good heating system? 난방이 잘되는 또 다른 이벤트 홀이 있는지 먼저 체크해 보는 게 어떻습니까?
		• Other than that, it is a good idea to buy some portable heaters or radiators to warm up the event hall. I think it is the most effective way to solve the problem. 그게 아니라면, 이벤트 홀을 따뜻하게 해줄 휴대용 난방기나 라디에이터를 구입하는 것도 좋은 생각입니다.
④	회의시간을 얼마 안 남겨둔 시점에서 중요회의를 하는 회의실에 전기배관에 문제로 회의실을 급히 변경했는데 참석자들은 벌써 회의 참석하려고 출발했다. → 알림 (문자전송, 표지판설치)	• It is very important to let people know about the situation. 사람들이 그 상황을 알도록 하는 게 매우 중요합니다.
		• So, why don't you send text messages saying that the conference room has been changed due to the power outage? 그래서 정전 때문에 회의실이 변경되었다는 문자를 보내는 게 어떻습니까?
		• It is a good idea to set up a message board at the front door of the building so that participants can see it when they enter. 참가자들이 건물에 들어올 때 볼 수 있도록 건물의 입구에 메모표지판을 설치하는 것도 좋은 생각입니다.
⑤	내일로 잡힌 유명한 저자의 책 사인회의 일정이 저자의 건강문제로 갑자기 취소되었다. 그 저자의 많은 팬들이 책 사인회에 참석할 예정이다. → 알림(문자전송)	• It is very important to let people know about the situation. 사람들이 그 상황을 알도록 하는 게 매우 중요합니다.
		• Why don't you send his fans text messages saying that the book signing has been cancelled due to his health and that it will be rescheduled soon? 건강상의 문제로 책 사인회가 취소되었으며 곧 일정이 다시 잡힐 거라는 문자를 그의 팬들에게 보내는 게 어떻습니까?

10 일정변경/불참/누락문제 해결책

번호	문제/해결책 아이디어	답안 문장 (*참고로 핵심키워드는 문제에 맞게끔 교체)
①	오늘 오후에 있을 회의에서 발표할 분이 급한 사정 때문에 발표시간에 늦어서 제시간에 발표하기 어렵다 → 발표스케줄 뒤로 재조정	• It is very important to let people attending the conference know about the situation. 그 회의에 참석하는 사람들이 그 상황에 대해서 알게 하는 게 매우 중요합니다. • Why don't you change his presentation schedule to 2 hours later if possible? I think it is the most effective way to solve the problem. Other than that, we can figure out some other ways to solve the problem. 가능하면 그의 프레젠테이션 스케줄을 2시간 뒤로 변경하는 게 어떻습니까? 이것이 그 문제를 해결하는 가장 효과적인 방법이라고 생각합니다. 그게 아니라면, 그 문제를 해결하기 위한 다른 방법을 고안해 내도록 하겠습니다.
②	의장으로 중요회의에 참석해야 되는데 비행기를 놓쳐서 참석을 못할 거 같다. → 발표스케줄 뒤로 재조정 → 화상회의/전화회의 진행	• Why don't you change the conference schedule to 3 hours later if possible? 가능하면 회의스케줄을 3시간 뒤로 변경하는 게 어떻겠습니까? • It is a good idea to arrange a video conference or a teleconference. Other than that, we can figure out some other ways to solve the problem. 화상회의나 전화회의를 하는 것도 좋은 생각입니다. 그게 아니라면, 그 문제를 해결하기 위한 다른 방법을 고안해 내도록 하겠습니다.
③	디자이너를 뽑아야 돼서 면접인터뷰를 해야 되는데, 급한 일정이 생겨서 참석할 수가 없다. → 발표스케줄 뒤로 재조정 → 화상회의/전화회의 진행	• Why don't you change his interview schedule to 2 hours later if possible? 가능하면 그의 인터뷰 스케줄을 2시간 뒤로 변경하는 게 어떻습니까? • Other than that, it is a good idea to arrange a video conference or a teleconference for the interview. 그게 아니라면, 인터뷰를 위해서 화상회의나 전화회의를 하는 것도 좋은 생각입니다.
④	새로운 신제품 software 들어와서 직원교육을 시켜야 하는데 직원들 업무시간이 달라서 training 스케줄 잡기가 힘들다. → 온라인 트레이닝 실시	• Why don't you provide the employees online training? 직원들에게 온라인 트레이닝을 제공하는 게 어떻습니까? • If so, they can easily take online training at any time or place at their convenience as long as they have an internet connection. 그렇게 한다면, 인터넷 접속만 되면 편한 시간에 언제 어디서나 쉽게 온라인 트레이닝을 들을 수 있습니다.

⑤	자동차수리 연장을 쓰고 직원들이 제자리에 안 갖다 놓아서 막상 쓰려고 할 때 없어서 수리가 늦어진다. → 알림/공지	• It is very important to let the employees know about the situation. 직원들에게 그 상황에 대해서 알도록 하는 게 매우 중요합니다.
		• So, why don't you place a notice on the office bulletin board saying that car tools should be put back in the right place after using them? If so, employees will be more careful about the issue. 그래서 차 수리 도구를 사용하고 난 후에는 제자리에 갖다 놓아야 한다는 것을 회사 게시판에 공지하는 게 어떻습니까?
		• I think it is the most effective way to solve the problem. Other than that, we can figure out some other ways to solve the problem. 이것이 그 문제를 해결하는 가장 효율적인 방법이라고 생각합니다. 그게 아니라면, 그 문제를 해결하기 위한 다른 방법을 고안해 내도록 하겠습니다.

MEMO

4단계 출제유형 연습하기

예제1

TOEIC Speaking

Question 10: Propose a Solution

Directions: In this part of the test, you will be presented with a problem and asked to propose a solution. You will have 30 seconds to prepare. Then you will have 60 seconds to speak.

In your response, be sure to
- show that you recognize the problem, and
- propose a way of dealing with the problem.

TOEIC Speaking
Question 10 of 11

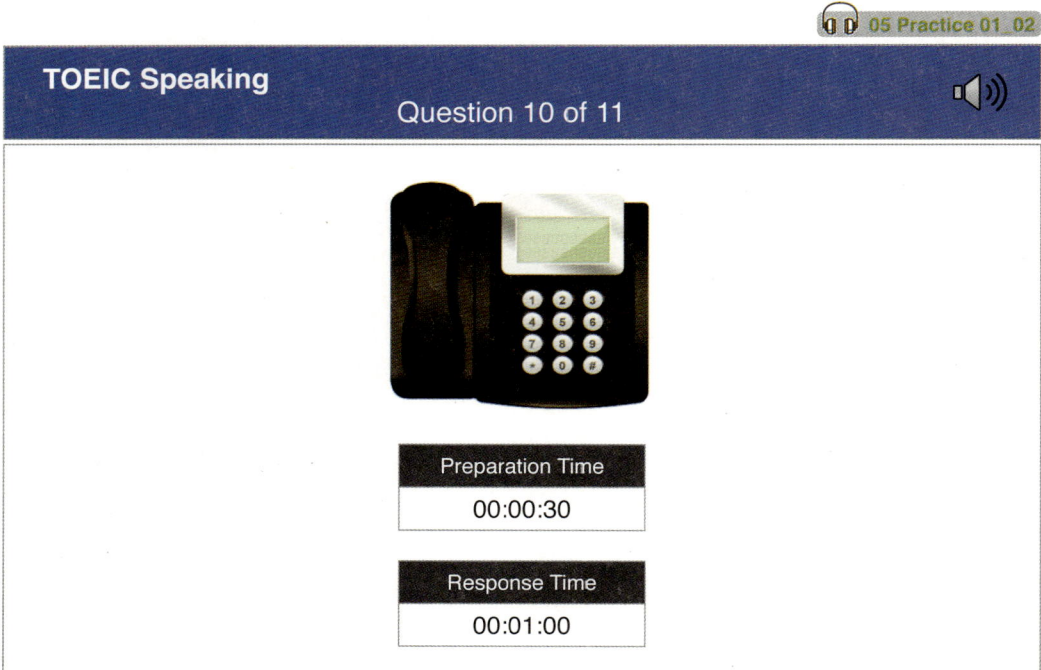

Preparation Time
00:00:30

Response Time
00:01:00

예제1 　상품판매 홍보

[전화음성메시지 내용]

Hello, this is Adam Simpson. I am calling to ask for your advice on the following issue. I am running a small coffee shop in a busy commercial area where many offices are located, and most of our customers are white-collar office workers. They usually stop at our coffee shop for their coffee on the way to and from work. Sometimes, they want their coffee delivered to their offices. Thanks to them, our overall business was pretty good until recently. The problem is that a big coffee chain will open soon in the same area, and I am worried about losing our customers. So, I'm thinking about selling other products such as homemade cakes, sandwiches, and other sweet snacks along with our delicious coffee to compete with the new coffee shop. As a marketing expert, please tell me a good way to sell other products to customers. I am waiting for your call and any of your advice will be greatly appreciated. Thank you.

| 전화음성메시지 해석 |

여보세요. 저는 아담 심슨이라고 합니다. 다음 문제에 대해서 조언을 구하려고 전화를 드렸습니다. 저는 많은 사무실이 위치하고 있는 번화한 상업지역에 조그만 커피샵을 운영하고 있습니다. 대부분의 고객들은 사무실에서 일하는 분들입니다. 그들은 출퇴 하는 길에 저의 커피샵에 들러 커피를 사갑니다. 가끔씩은 사무실로 커피를 배달시킵니다. 그들 덕분에, 저의 가게의 전반적인 비즈니스는 최근까지는 꽤 괜찮았습니다. 문제는 같은 지역에 큰 커피체인점이 곧 문을 열 예정이라 우리 고객들을 뺏길까 걱정이 됩니다. 그래서, 새로 생긴 커피숍과 경쟁하기 위해서 커피와 함께 다른 제품들, 예를 들면, 수제 케이크, 샌드위치 그리고 스낵들을 팔 생각입니다. 마케팅 전문가로서, 고객들에게 이런 제품들을 팔 수 있는 좋은 방법에 대해서 말씀해 주시기 바랍니다. 전화를 기다리고 있겠으며, 어떤 조언이라도 감사드리겠습니다. 감사합니다.

[남겨진 전화음성메시지 분석하기]

1	누가 → 누구에게 메시지를 남겼는지	Adam Simpson 이라는 커피숍 주인이 마케팅 전문가에게 메시지를 남김
2	전화음성메시지 문제인식	커피숍을 운영하는데 큰 커피체인점이 근방에 생기게 되어 손님을 잃을까 걱정이다.
	요구사항	새로 생긴 큰 커피체인점과 경쟁하기 위해서 다른 제품들 팔 생각인데 이 제품들을 잘 팔 수 있는 방법에 대해서 알려달라.
3	해결책 제시	[가격할인/홍보 해결책 이용] → 좋을 품질의 제품을 저렴하게 판매, 그리고 SNS이용해서 홍보
4	답안 완성하기	CMM (Choice + Mix = Match) 방법으로, 답안 템플릿을 활용해서 답을 만든다.

예제1 모범답안

Hello, Mr. Adam Simpson. This is Tom Jackson calling from K&C Marketing Consulting Company. I am returning your voice message regarding your problem. According to your message, you are worried about losing your customers to a big coffee chain that will open soon in the same area. So, you need my advice on how to sell other products to compete with them. Here are my suggestions for you.

First of all, it is very important to let people know about your coffee shop's new products such as homemade cakes, sandwiches, and other snacks. So, why don't you use social media as an advertising tool? As you know, using social media like Facebook or Twitter is the most effective way to attract people's attention. In addition, it is also important to provide high quality products at low prices to keep your customers.

I hope this will help you solve the problem. If you need more help, please call me back anytime. Bye.

| 예제1 모범답안 해석 |

안녕하세요. 아담 심슨씨. 저는 K&C마케팅 컨설팅 회사에서 전화하는 탐 잭슨입니다. 당신이 남긴 음성메시지 때문에 전화를 드립니다. 당신 메시지에 따르면, 같은 지역에 곧 문을 여는 큰 커피 체인점에 당신의 고객들을 빼앗길까 걱정이 된다고 말씀하셨죠. 그래서, 그들과 경쟁하기 위해서 다른 제품들을 잘 팔 수 있는 방법에 대해 저의 조언이 필요하신거죠. 여기 당신을 위한 해결책들이 있습니다. 먼저, 당신 커피숍에서 수제 케이크, 샌드위치, 그리고 다른 스낵들을 판매한다는 것을 사람들이 아는게 매우 중요합니다. 그래서, 광고도구로서 소셜미디어를 사용하는게 어떻겠습니까? 아시다시피, 페이스북이나 트위터 같은 소셜미디어를 사용하는 것이 사람들의 관심을 끌수 있는 가장 효과적인 방법입니다. 게다가, 기존고객들을 유지하기 위해서는 낮은 가격에 질 좋은 상품들을 제공하는 것 또한 중요합니다. 이것이 당신이 그 문제를 해결하는데 도움이 되기를 바랍니다. 도움이 더 필요하시면, 언제라도 전화주시기 바랍니다. 그럼, 안녕히 계세요

MEMO

예제2

TOEIC Speaking

Question 10: Propose a Solution

Directions: In this part of the test, you will be presented with a problem and asked to propose a solution. You will have 30 seconds to prepare. Then you will have 60 seconds to speak.

In your response, be sure to
- show that you recognize the problem, and
- propose a way of dealing with the problem.

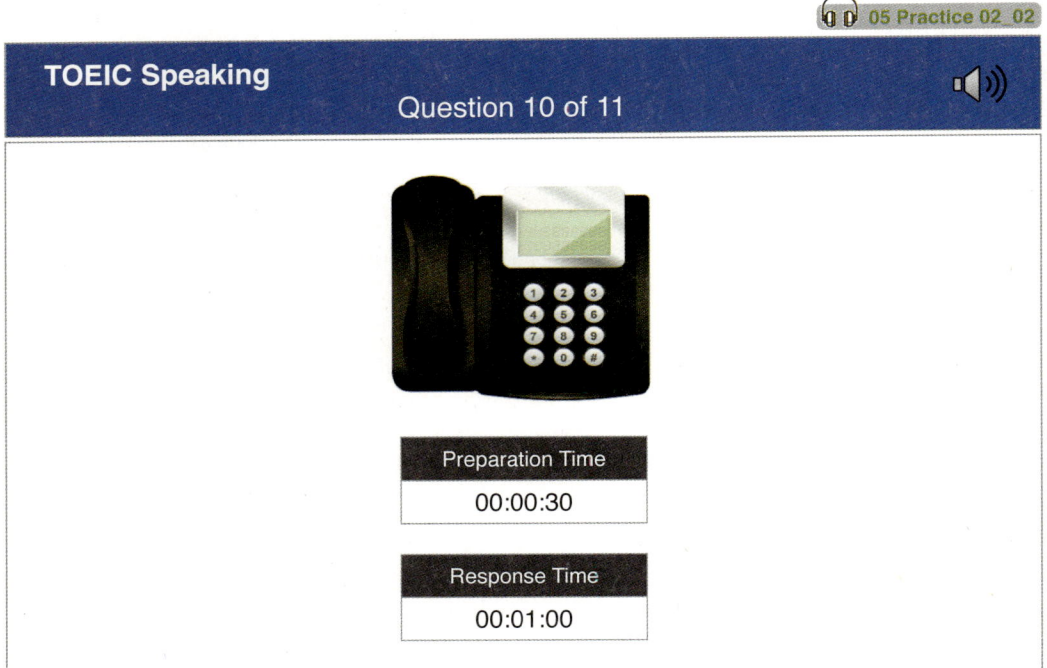

예제2 2가지 중에서 한가지 선택

[전화음성메시지 내용]

Hi, this is Amy calling from the HR Department. I have something to discuss with you since you are the right person to handle the following issue. As you know, we will soon hold a retirement party for some employees including Mr. Jack Black, who has been working for over 30 years at the purchasing and supply management office. Of course, our company wants to throw a big retirement party for them as a token of heartfelt appreciation for their hard work and contributions. The problem is that, due to our tight budget, it is not possible to have the retirement party at a large restaurant that serves good but expensive foods and drinks. So, I have two ideas to handle the issue. One is that we can have the party at a small restaurant that serves normal, inexpensive foods and drinks, and the other is that we can have the party at a large restaurant, but employees must bring one food dish to save money on foods and drinks. I don't know which one to choose. If you were in my shoes, what would you choose? I am waiting for your call, and you can reach me at 234-5577. Thank you.

| 전화음성메시지 해석 |

여보세요. 인사과에서 전화하는 에이미입니다. 당신이 문제를 해결해줄 적임자이기 때문에 당신과 함께 의논할 일이 있습니다. 아시겠지만, 구매관리부서에서 30년 이상 일을 한 잭 블랙씨를 포함해서 몇몇 직원들을 위한 은퇴파티를 곧 개최하게 됩니다. 물론, 그들의 노고와 기여에 대한 진심 어린 감사의 표현으로 그들을 위한 큰 은퇴파티를 열어 드리고 싶습니다. 하지만, 문제는 예산이 빠듯해서, 좋고 비싼 음식과 음료를 제공하는 큰 식당에서의 은퇴파티는 가능할것 같지 않습니다. 그래서 제가 이 문제를 해결하기 위한 2개의 아이디어가 있습니다. 한 아이디어는 평범하지만 비싸지 않은 음식과 음료를 제공하는 작은 식당에서 은퇴파티를 여는 것이고, 다른 아이디어는 큰 식당에서 은퇴파티를 열수는 있지만, 대신에 음식과 음료에 대한 비용을 아끼기 위해서 직원들이 한가지 음식을 가져와야 하는 것입니다. 어떤 것을 선택해야 할지 잘 모르겠습니다. 당신이 제 입장이라면, 어느 것을 선택하시겠습니까? 전화를 기다리고 있을 테니, 234-5577로 전화 주시기 바랍니다. 감사합니다.

[남겨진 전화음성메시지 분석하기]

1	누가 → 누구에게 메시지를 남겼는지	인사과 Amy가 문제를 해결할 적임자에게 메시지를 남김
2	전화음성메시지 문제인식	직원들 은퇴파티를 하는데 빠듯한 예산으로 평범한 음식을 제공하는 조그만 식당에서 해야 할지? 아니면, 직원들이 음식을 한가지씩 가지고 오게 해서 음식비용을 줄여 큰 식당에서 해야 할지?
	요구사항	두 가지 중에서 어느 것을 선택했으면 좋은지에 대한 조언을 구함
3	해결책 제시	[제시된 2가지 중에서 한가지 선택]] → 큰 식당 선택 파티는 많은 사람들이 참가해야 즐겁기 때문에 큰 장소가 필요하고, 그리고 파티에서 많은 사람들이 먹고 마실 수 있는 충분한 음식과 음료는 필수이기 때문에.
4	답안 완성하기	CMM (Choice + Mix = Match) 방법으로, 답안 템플릿을 활용해서 답을 만든다.

예제2 모범답안

05 Practice 02_03

Hello, Amy. This is Jennifer. I am returning your voice message regarding your problem. According to your message, due to a tight budget, we can't throw the retirement party at a large restaurant that serves good but expensive foods and drinks. So, you need my advice on which of your ideas to choose. Here is my suggestion for you.

First of all, if I were you, I would choose a large restaurant for the retirement party. This is because, as you know, at a party, the more, the merrier, so a large restaurant is needed. In addition, there should be enough good foods and drinks at the party so that everyone can enjoy themselves. So, in this regard, choosing a large restaurant is the most effective way to solve the problem.

I hope this will help you solve the problem. If you need more help, please call me back anytime. Bye.

| 예제1 모범답안 해석 |

여보세요. 에이미. 제니퍼입니다. 당신이 남긴 음성메시지 때문에 전화를 드립니다. 당신 메시지에 따르면, 빠듯한 예산 때문에 비싸지만 좋은 음식과 음료를 제공하는 큰 식당에서 은퇴파티를 열수가 없다는 거지요. 그래서 어떤 아이디어를 선택할지에 대한 저의 조언이 필요하신 거지요. 여기에 당신을 위한 해결책이 있습니다. 먼저, 제가 만약 당신이라면, 은퇴파티를 큰 식당에서 여는 것을 선택할겁니다. 왜냐하면, 아시다시피, 파티에서는 사람이 많으면 많을수록 더 즐겁기 때문입니다. 그래서 큰 식당이 필요합니다. 게다가, 모든 사람들이 즐길 수 있도록 충분한 좋은 음식과 음료가 파티에서는 있어야 합니다. 그래서 이런 점에서, 큰 식당을 선택하는 것이 이 문제를 해결하는 가장 효과적인 방법이라 생각합니다. 이것이 당신이 그 문제를 해결하는데 도움이 되었으면 합니다. 혹시, 도움이 더 필요하시면 언제라도 바로 전화 주시기 바랍니다.

MEMO

예제3

TOEIC Speaking

Question 10: Propose a Solution

Directions: In this part of the test, you will be presented with a problem and asked to propose a solution. You will have 30 seconds to prepare. Then you will have 60 seconds to speak.

In your response, be sure to
- show that you recognize the problem, and
- propose a way of dealing with the problem.

TOEIC Speaking
Question 10 of 11

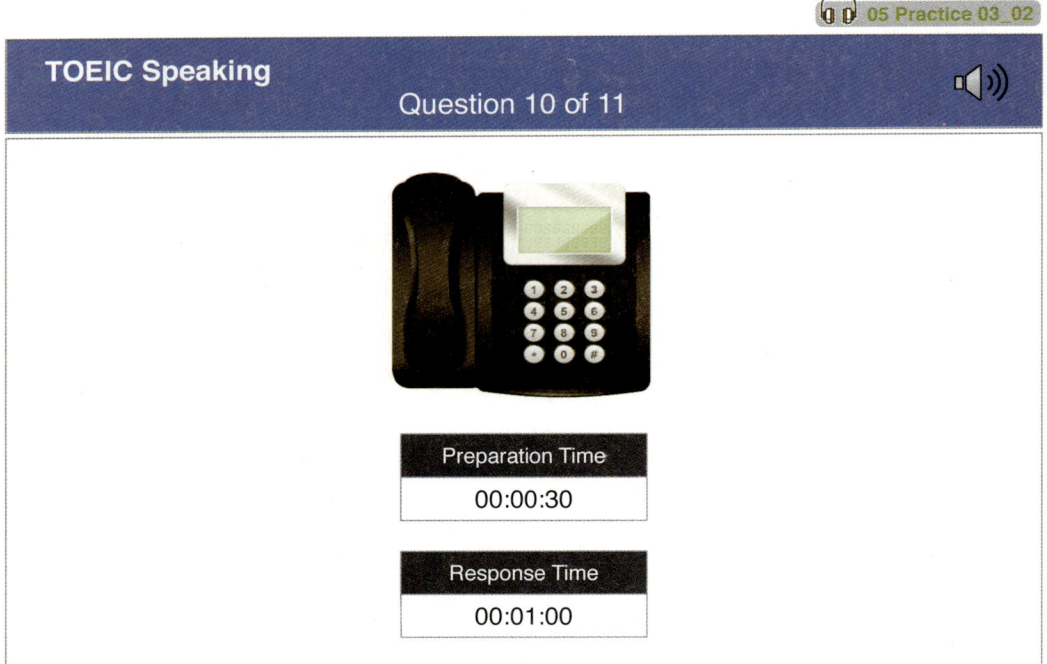

Preparation Time
00:00:30

Response Time
00:01:00

예제3 직원교육

[전화음성메시지 내용]

Hello, this is Thomas Brown calling from the training department. I am calling you because you are the manager to handle the following issue. As you know, 10 new employees were hired in the customer service center three months ago, and they have received customer service and support skills training. Thanks to the training, most of the new customer service representatives are doing well. I think they know exactly what their responsibilities should be, especially when they respond to customer needs and complaints. However, recently, I've gotten some complaints from our customers saying that some of our customer service representatives didn't respond to them quickly and effectively. I am worried that this poor customer service will harm our business. Since they have already received training, I need other ideas from you on how to handle this issue. I will be waiting for your call. You can reach me at extension 3489. Thank you.

| 전화음성메시지 해석 |

여보세요. 트레이닝부서에서 전화하는 토마스 브라운입니다. 당신이 다음 문제를 해결할 수 있는 매니저이기 때문에 당신께 전화를 드립니다. 아시다시피, 3달 전에 고객서비스센터에 10명의 직원들이 채용되었으며, 그들은 고객서비스와 고객지원 스킬에 관한 트레이닝을 받았습니다. 트레이닝 덕분에, 새로 뽑은 고객서비스 담당직원들 대부분은 업무를 잘하고 있습니다. 제 생각에 특히, 고객들의 니즈와 불평에 응대할 때, 그들의 책임이 무엇인지 정확하게 알고 있다고 생각합니다. 그러나, 최근에 고객들로부터 불평을 들었는데, 내용인즉, 일부 고객서비스 담당직원들이 신속하게 효율적으로 고객들에게 응대를 못한다는 것입니다. 좋지 못한 고객서비스가 우리 회사 비즈니스에 해를 끼칠까 걱정이 됩니다. 그들이 벌써 트레이닝을 받았기 때문에 당신으로부터 이 문제를 해결하기 위한 다른 아이디어가 필요합니다. 전화를 기다리고 있을 테니, 내선번호 3489로 전화 주시기 바랍니다. 감사합니다.

[남겨진 전화음성메시지 분석하기]

1	누가 → 누구에게 메시지를 남겼는지	직원교육부서에서 Thomas Brown이 문제를 해결해줄 담당 매니저에게 메시지를 남김
2	전화음성메시지 문제인식	고객서비스센터에서 일하는 새로 채용된 직원 몇몇이 고객들의 응대에 빠르게, 효율적으로 응대를 못해서 고객불만이 많다.
	요구사항	직원교육 외에 이 문제를 해결할 방법에 대한 조언
3	해결책 제시	[직원교육과 보상 해결책 이용]→ 그 직원들에게 고객들의 불만사항을 알리고, 일대일 미팅을 통해서 다른 효율적인 교육방법 고안, 또는 업무향상에 대한 인센티브 제공 같은 동기부여하기
4	답안 완성하기	CMM (Choice + Mix = Match) 방법으로, 답안 템플릿을 활용해서 답을 만든다.

예제3 모범답안   05 Practice 03_03

Hello, Thomas Brown. This is Jack Sedwick. I am returning your voice message regarding the problem. According to your message, even though new employees working at the customer service center have already received training, some of our customer service representatives didn't respond quickly and effectively to our customers. So, you need my advice on how to solve the problem. Here are my suggestions for you.

First of all, it is very important to let the employees know about the customer complaints. So, why don't you have a face-to-face meeting with the employees so that you can figure out other ways to improve their performance? I think it is the most effective way to solve the problem. In addition, it is a good idea to offer the employees some financial incentives for good job performance, like cash bonuses or paid vacations.

I hope this will help you solve the problem. If you need more help, please call me back anytime. Bye.

| 예제3 모범답안 해석 |

여보세요. 토마스 브라운. 저는 잭 세드윅입니다. 당신이 남긴 음성 메시지 때문에 전화를 드립니다. 당신 메시지에 따르면, 고객서비스센터에서 일하는 새로 뽑힌 직원들이 벌써 트레이닝을 받았지만, 일부 고객서비스 담당직원들은 고객들에게 신속하고 효율적으로 응대하지 못한다는 거군요. 그래서 이 문제를 해결하기 위한 저의 조언이 필요하신 거지요. 여기 당신을 위한 해결책들이 있습니다. 먼저, 그 직원들에게 고객불만들에 대해서 알려주는 게 매우 중요합니다. 그래서 그들의 업무능력을 향상시키기 위해서 다른 방법들이 있는지 알아내기 위해서 그 직원들과 일대일 미팅을 하는 게 어떻겠습니까? 제 생각에는 이것이 그 문제를 해결하는 가장 효과적인 방법이라고 생각합니다. 게다가, 그 직원들에게 업무성과에 대해서 현금 보너스나 유급휴가 같은 인센티브를 제공하는 것도 좋은 생각입니다. 이것이 당신이 그 문제를 해결하는데 도움이 되었으면 합니다. 혹시, 도움이 더 필요하시면 언제라도 바로 전화 주시기 바랍니다.

MEMO

예제4

TOEIC Speaking

Question 10: Propose a Solution

Directions: In this part of the test, you will be presented with a problem and asked to propose a solution. You will have 30 seconds to prepare. Then you will have 60 seconds to speak.

In your response, be sure to
- show that you recognize the problem, and
- propose a way of dealing with the problem.

TOEIC Speaking
Question 10 of 11

Preparation Time
00:00:30

Response Time
00:01:00

예제4   직원고용/설치

[전화음성메시지 내용]

Hello, this is Paul Smith calling from the facility management team. I have an issue to discuss with you because you are manager of the building management office. As you know, we just opened our new big building named Global Center in the Central Business Commercial District one month ago. The building houses many facilities such as cinemas, shopping centers, office spaces, hotels, and various other attractions, including 5 different food courts. Also, the building attracts between 2,000 to 3,000 visitors a day during the week, and more than 5,000 visitors on weekends. The problem is that many people visiting our large-scale building have difficulty finding the exact location of the facility that they need to go to. Of course, the map is posted on the bulletin board in the main lobby of the building, but I don't think it is a big help to visitors. So, any good ideas to handle the problem would be really appreciated. I am waiting for your call. Thank you.

| 전화음성메시지 해석 |

여보세요. 저는 시설 관리 팀에서 전화하는 폴 스미스 입니다. 당신이 건물관리부서의 매니저이기 때문에 당신과 의논할 문제가 있습니다. 아시다시피, 저희가 한달 전에 센트럴 비즈니스 구역에 글로벌센터라는 새로운 큰 건물을 막 오픈 했습니다. 그 건물에는 영화관, 쇼핑센터, 사무실, 호텔 그리고 5개의 다른 음식코트를 포함해서 다양한 시설들이 있습니다. 또한, 주중에는 하루에 2000명에서 3000명 정도의 사람들이, 그리고 주말에는 5000명 이상의 방문객들이 우리 건물을 방문합니다. 문제는 엄청난 규모의 우리 건물을 방문하는 많은 사람들이 그들이 가고자 하는 곳의 정확한 위치를 찾는데 어려움을 겪고 있다는 겁니다. 물론, 건물의 메인 로비 게시판에 지도가 붙여져 있습니다만, 이것이 방문객들에게 큰 도움이 된다고는 생각하지 않습니다. 그래서 그 문제를 해결하는 좋은 아이디어를 주시면 감사하겠습니다. 전화 기다리고 있겠습니다. 감사합니다.

[남겨진 전화음성메시지 분석하기]

1	누가 → 누구에게 메시지를 남겼는지	시설과 Paul Smith가 건물관리부서 매니저에게 메시지를 남김
2	전화음성메시지 문제인식	아주 다양한 많은 시설을 가진 큰 건물이 오픈 했고, 하루 방문객이 수천 명에 달하는데, 문제는 건물 방문객들이 그들이 가고자 하는 곳의 정확한 위치 찾는데 어려움을 겪는다.
	요구사항	방문객들이 건물 내에서 가고자 하는 곳의 위치를 잘 찾을 수 있는 방법에 대한 조언
3	해결책 제시	[검색대 설치/작용 고용 해결책 이용]→ 컴퓨터 검색으로 위치 검색하거나, 방문객들에게 정확한 위치를 알려주는 작용고용
4	답안 완성하기	CMM (Choice + Mix = Match) 방법으로, 답안 템플릿을 활용해서 답을 만든다.

예제4 모범답안   🎧 05 Practice 04_03

Hello, Paul Smith. This is James Baldwin. I am returning your voice message regarding the problem. According to your message, many people visiting our large-scale building have difficulty in finding the exact location of the facility that they need to go to. So, you need my advice on how to solve the problem. Here are my suggestions for you.

First of all, why don't you hire a receptionist to help people visiting the building? For example, if a receptionist works at the entrance or main lobby of the building, the receptionist can direct visitors the exact location that they want to go to within the building. I think it is the most effective way to solve the problem. In addition, it is a good idea to install some computers inside the building so that visitors can easily locate their destination by searching in a database.

I hope this will help you solve the problem. If you need more help, please call me back anytime. Bye.

| 예제4 모범답안 해석 |

여보세요. 폴 스미스. 저는 제임스 볼드윈입니다. 당신이 남긴 음성메시지 때문에 전화를 드립니다. 당신 메시지에 따르면, 규모가 어마어마한 우리 건물을 방문하는 많은 사람들이 그들이 가고자 하는 곳의 정확한 위치를 찾는데 어려움을 겪고 있으며 그래서 이 문제를 해결하기 위한 저의 조언이 필요하다는 거지요. 여기에 당신을 위한 해결책들이 있습니다. 먼저, 그 건물을 방문하는 사람들에게 도움을 줄 수 있는 리셉셔니스트를 고용하는 게 어떻겠습니까? 예를 들어, 만약 리셉셔니스트가 건물의 입구나 주요 로비에서 일을 한다면, 그 리셉셔니스트는 방문객들에게 그들이 가고자 하는 곳의 정확한 위치를 안내할 수 있습니다. 제 생각에, 이것이 그 문제를 해결하는 가장 효과적인 방법이라고 생각합니다. 게다가, 방문객들이 데이터베이스를 검색함으로써 그들의 목적지를 쉽게 찾을 수 있도록 하기 위해, 건물 내에 컴퓨터를 설치하는 것도 좋은 생각입니다. 이것이 당신이 그 문제를 해결하는데 도움이 되었으면 합니다. 혹시, 도움이 더 필요하시면 언제라도 바로 전화 주시기 바랍니다.

MEMO

예제5

TOEIC Speaking

Question 10: Propose a Solution

Directions: In this part of the test, you will be presented with a problem and asked to propose a solution. You will have 30 seconds to prepare. Then you will have 60 seconds to speak.

In your response, be sure to
- show that you recognize the problem, and
- propose a way of dealing with the problem.

TOEIC Speaking
Question 10 of 11

Preparation Time
00:00:30

Response Time
00:01:00

예제5 인터넷 다운로드

[전화음성메시지 내용]

Hello, this is Susan Hayes. I am calling you because I think you can handle the following issue. Today, I got a call from a customer who purchased self-assembly furniture at our retailer shop. According to him, the instructions that should be included in the box were missing, so he couldn't assemble the furniture. Thus, he asked us to send someone to his home to assemble his furniture for him. As you know, we don't offer this service, and I politely refused his request by suggesting that one of our agents could assist him over the phone instead. However, he didn't like my suggestion, and he has called us several times about this issue. I really don't know what to do. Since you are the manager of customer complaints, I think you can help me with this issue. I am waiting for your call. Thank you.

| 전화음성메시지 해석 |

여보세요. 저는 수잔 헤이즈입니다. 당신이 다음 문제를 해결할 수 있을 것 같다고 생각해서 당신에게 전화를 드립니다. 오늘, 우리 가게에서 조립가구를 구입한 고객으로부터 전화를 받았습니다. 그 고객 말씀에 의하면, 조립가구 박스 안에 포함되어 있어야 하는 설명서가 없다는 겁니다. 그래서 가구를 조립하지 못했다고 하네요. 그래서 가구를 조립해줄 누군가를 그의 집에 보내달라고 요청을 했지만, 아시다시피, 저희는 그런 서비스를 제공하지 않기 때문에 대신에 전화로 도움을 줄 수 있다는 제안을 하면서 공손하게 그의 요청을 거절했습니다. 그러나, 이런 저의 제안이 마음에 들지 않아서 이 문제에 대해서 저희에게 여러 번 전화를 했습니다. 어떻게 해야 될 지 정말 모르겠습니다. 당신이 고객불만을 해결하는 매니저이니, 이 문제에 대해서 제게 도움을 줬으면 합니다. 전화를 기다리고 있겠습니다. 감사합니다.

[남겨진 전화음성메시지 분석하기]

1	누가 → 누구에게 메시지를 남겼는지	Susan Hayes가 고객의 불평을 해결해주는 매니저에게 메시지를 남김
2	전화음성메시지 문제인식	고객이 우리 가게에서 구입한 조립가구에 설치설명서가 빠져있어 사람을 보내달라고 하지만 우리는 기사파견 서비스가 없다.
	요구사항	이 문제를 해결할 수 있는 도움을 달라
3	해결책 제시	[인터넷으로 다운받기 해결책 이용]→ 스마트폰이나 태블릿으로 쉽게 인터넷에 접속가능하기 때문에 스마트폰으로 쉽게 설명서를 다운받을 수 있음을 알려줘라.
4	답안 완성하기	CMM (Choice + Mix = Match) 방법으로, 답안 템플릿을 활용해서 답을 만든다.

예제5 모범답안

Hello, Susan Hayes. This is Alice Hamilton. I am returning your voice message regarding the problem. According to your message, a customer who purchased self-assembly furniture at our retailer shop complained that he couldn't assemble the furniture due to missing instructions. So you need my advice on how to solve the problem. Here is my suggestion for you.

First of all, why don't you tell the customer that he can download the assembly instructions from the Internet? As you know, nowadays, many people have easy access to the Internet through their smart phones or tablets. So, in this regard, he can easily download the assembly instructions on his smart phone. I think it is the most effective way to handle the customer's complaint.

I hope this will help you solve the problem. If you need more help, please call me back anytime. Bye.

| 예제5 모범답안 해석 |

여보세요. 수잔 헤이즈. 저는 앨리스 해밀턴입니다. 당신이 남긴 음성 메시지 때문에 전화를 드립니다. 당신 메시지에 따르면, 우리 가게에서 조립가구를 구입한 고객이 설명서가 빠져있어서 가구를 조립할 수 없다고 불평해서, 이 문제를 해결하기 위해 저의 조언이 필요하다는 것이지요. 여기에 당신을 위한 해결책이 있습니다. 먼저, 그 고객에게 인터넷상에서 조립가구 설명서를 다운받을 수 있다고 얘기하는 게 어떻습니까? 아시겠지만, 요즘은 많은 사람들이 스마트폰이나 태블릿을 통해서 인터넷에 쉽게 접근을 할 수 있습니다. 그래서 이런 점에서 그는 자신의 스마트폰에서 쉽게 조립가구 설명서를 다운받을 수 있습니다. 이것이 그 고객의 불평을 해결하기 위한 가장 효과적인 방법이라고 생각합니다. 이것이 당신이 그 문제를 해결하는데 도움이 되었으면 합니다. 혹시, 도움이 더 필요하시면 언제라도 바로 전화 주시기 바랍니다.

MEMO

Actual Test-1회 파트5

TOEIC Speaking

Question 10: Propose a Solution

Directions: In this part of the test, you will be presented with a problem and asked to propose a solution. You will have 30 seconds to prepare. Then you will have 60 seconds to speak.

In your response, be sure to
- show that you recognize the problem, and
- propose a way of dealing with the problem.

TOEIC Speaking

Question 10 of 11

Preparation Time
00:00:30

Response Time
00:01:00

Actual Test-2회 파트5

TOEIC Speaking

Question 10: Propose a Solution

Directions: In this part of the test, you will be presented with a problem and asked to propose a solution. You will have 30 seconds to prepare. Then you will have 60 seconds to speak.

In your response, be sure to
- show that you recognize the problem, and
- propose a way of dealing with the problem.

TOEIC Speaking
Question 10 of 11

Preparation Time
00:00:30

Response Time
00:01:00

TOEIC Speaking

Question 10: Propose a Solution

Directions: In this part of the test, you will be presented with a problem and asked to propose a solution. You will have 30 seconds to prepare. Then you will have 60 seconds to speak.

In your response, be sure to
- show that you recognize the problem, and
- propose a way of dealing with the problem.

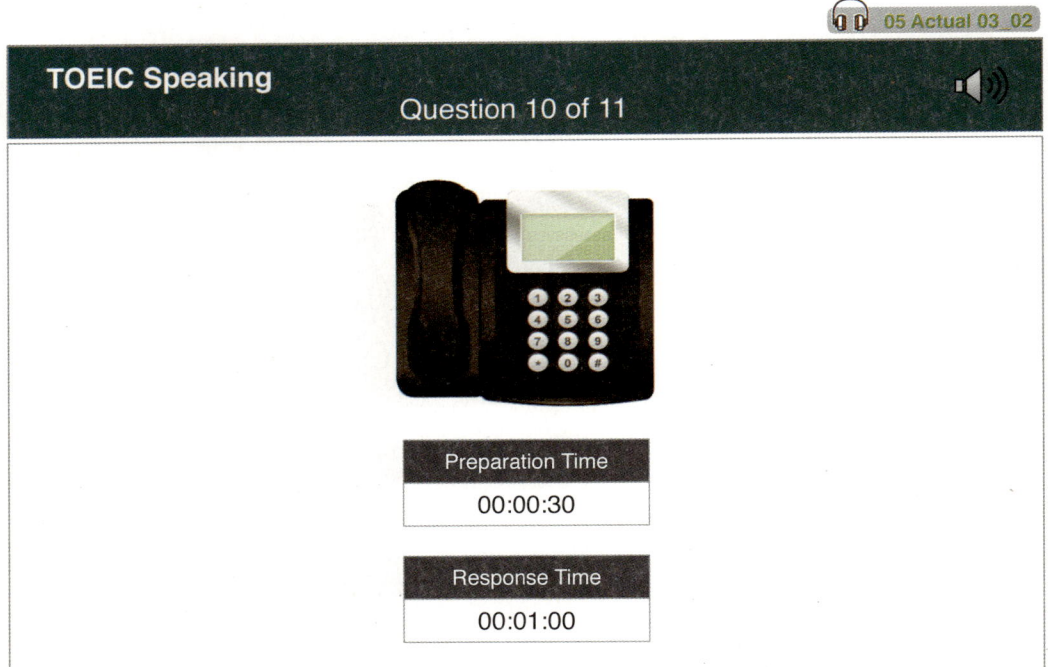

Actual Test-4회 파트5

TOEIC Speaking

Question 10: Propose a Solution

Directions: In this part of the test, you will be presented with a problem and asked to propose a solution. You will have 30 seconds to prepare. Then you will have 60 seconds to speak.

In your response, be sure to
- show that you recognize the problem, and
- propose a way of dealing with the problem.

TOEIC Speaking

Question 10 of 11

Preparation Time
00:00:30

Response Time
00:01:00

Actual Test-5회 파트5

TOEIC Speaking

Question 10: Propose a Solution

Directions: In this part of the test, you will be presented with a problem and asked to propose a solution. You will have 30 seconds to prepare. Then you will have 60 seconds to speak.

In your response, be sure to
- show that you recognize the problem, and
- propose a way of dealing with the problem.

TOEIC Speaking

Question 10 of 11

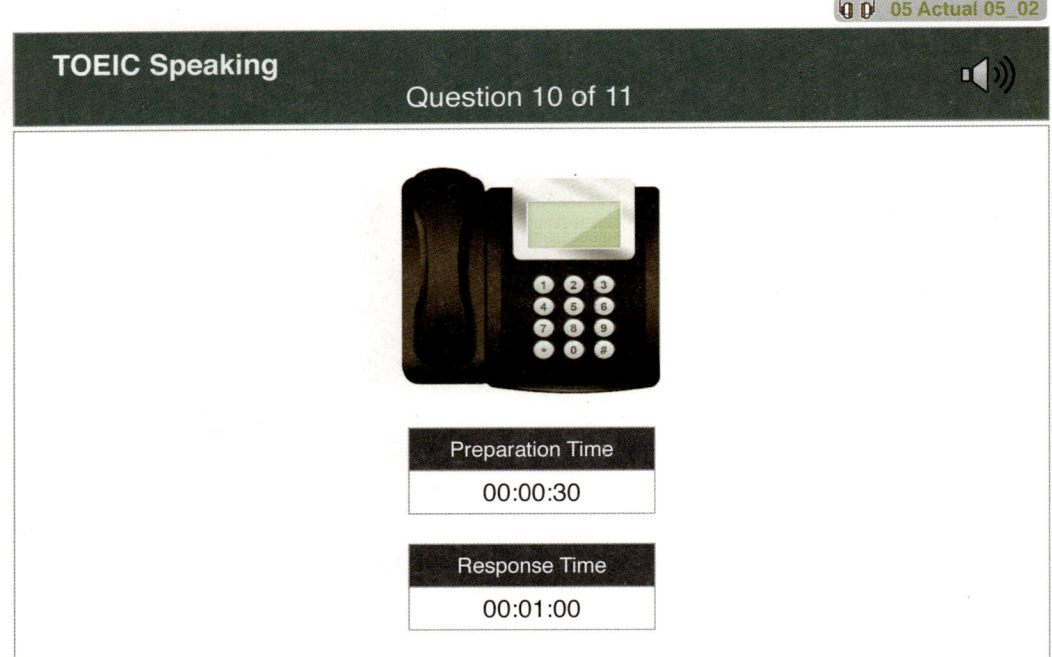

Preparation Time
00:00:30

Response Time
00:01:00

딱 1주 TOEIC SPEAKING

모범답안 및 해석

저자 김경아

시사북스
SISA영어훈련학교®

Actual Test 5회분 해석 & 모범답안

Actual Test 1회 파트5

[전화음성메시지 내용]

Hello, this is Karen Peterson calling from the HR Office. I have something to discuss with you. This year, the Annual International Film Exhibition will be held at the biggest convention hall in Seattle, and tens of thousands of people working in the international film industry will be participating in the event. As you know, the theme of this year is 2D-to-3D conversion technology, which is very important technology when it comes to the production of 3D footage. As a leading manufacturer and supplier of high-tech cameras, our company will be participating in the exhibition to showcase our company's advanced 3D conversion technology to the world. In this background, we need some experts to test the technology for the exhibition, and we placed advertisements for the recruitment both in the local newspaper's classified ads and online as well. The problem is that I can't decide whom to choose for the position because too many highly qualified experts applied for the position. Since you are an expert in the recruiting field, I thought you might have some brilliant ideas to solve the problem. I will be waiting for your call. You can reach me at (332)-788-2536. Thanks.

| 전화음성메시지 해석 |

여보세요. 저는 인사과에서 전화하는 카렌 피터슨입니다. 당신과 의논할 일이 있습니다. 올해, 연례 국제영화전시회가 시애틀에서 가장 큰 컨벤션홀에서 열리게 되며, 영화산업에 종사하는 수만명의 사람들이 그 행사에 참석하게 될 겁니다. 아시다피, 올해 테마는 2D에서 3D 변환기술이며,이는 3D 화면을 만들어냄에 있어서 매우 중요합니다. 주요 최첨단 카메라 제조업체이면서 공급업체인 우리 회사 역시 이 전시회에 참석해서 전세계에 진보된 3D기술을 보여줄 겁니다. 이런 배경에서, 그 전시회에 보여줄 기술을 테스트할 몇몇 전문가들이 필요해서, 지역 신문 특정광고란과 온라인에도 전문가 모집광고를 냈습니다. 문제는 자격조건이 너무 좋은 전문가들이 많이 지원을 해서 누구를 뽑을지 결정할 수가 없습니다. 인재모집분야에서는 전문가이시니, 이 문제를 해결할 기발한 생각이 있을거라 생각됩니다. 전화기다리고 있겠습니다. (332)-788-2536으로 전화주시기 바랍니다.

[남겨진 전화음성메시지 분석하기]

1	누가 → 누구에게 메시지를 남겼는지?	인사과 Karen Peterson이 인사담당 전문가에게 메시지를 남김
2	전화음성메시지 문제인식	회사의 최첨단 3D conversion 기술을 참가하는 박람회에서 보여주기 전에 그 기술을 테스트해볼 전문가를 뽑아야 되는데 자격을 갖춘 너무 많은 전문가가 지원을 해서 누구를 뽑아야 될지 모르겠다.
	요구사항	적임자를 뽑을 수 있는 방법을 알려달라.
3	해결책 제시	[사람 선발해결책 이용] → 지원자의 업무관련 경력, 업무관련 지식, 커뮤니케이션 스킬 같은 자질을 체크한다.
4	답안완성하기	CMM (Choice + Mix = Match) 방법으로, 답안 템플릿을 활용해서 답을 만든다.

Actual Test 1 파트5 모범답안

Hello, Karen Peterson. This is Bill Wilson. I am returning your voice message regarding your problem. According to your message, your company needs to recruit some experts to test the advanced 3D conversion technology for the exhibition, but you can't decide who to choose for the position because too many highly qualified experts applied for the position. So you need my advice on how to solve the problem. Here is my suggestion for you.

First of all, why don't you check their qualifications such as job-related experiences, work-related business knowledge, and communication skills? I think these qualifications are very important for the position when it comes to testing your company's advanced 3D conversion technology. So, I think it is the most effective way to solve the problem.

I hope this will help you solve the problem. If you need more help, please call me back anytime. Bye.

| Actual Test 1 모범답안 해석 |

여보세요. 카렌 피터슨양. 저는 빌 윌슨입니다. 당신이 남긴 음성 메시지 때문에 전화를 드립니다. 당신 메시지에 따르면, 당신회사가 전시회에 보여줄 진보된 3D 변환기술을 테스트할 전문가를 모집을 해야하는데, 자격조건이 너무 좋은 전문가들이 많이 지원을 해서, 누구를 뽑을지 결정을 할 수 없다는 거지요. 그래서, 이 문제를 해결할 저의 조언이 필요하다는 거지요. 여기 당신을 위한 해결책이 있습니다. 먼저, 업무와 관련된 경험, 업무과 관련된 지식, 그리고 커뮤니케이션 스킬 같은 자질을 체크하는게 어떻겠습니까?제 생각에는 진보된 3D 변환기술을 테스함에 있어서 이런 자질들은 그 직책에 매우 중요하다고 생각합니다. 그래서, 저는 이방법이 그 문제를 해결하는 가장 효과적인 방법이라고 생각합니다. 이것이 당신이 그 문제를 해결하는데 도움이 되기를 바랍니다. 도움이 더 필요하시면, 언제라도 전화주시기 바랍니다. 그럼, 안녕히 계세요.

Actual Test 5회분 해석 & 모범답안

Actual Test 2회 파트5

[전화음성메시지 내용]

Hello, this is Jack calling from the Research & Development Office. I need your advice on the following issue. For the past six months, our project team of seven specialists has been developing a new cosmetic product. As you know, the new product that this team is developing is very important for the survival and growth of our company's beauty business. As a result, our project team has spent a lot of time conducting market research. As a way of market research, we have tried to gather in-depth information from many existing and potential customers as well as from market research volunteers. The problem is that most of the information that we collected has turned out to be unhelpful. Getting reliable information on market research is essential to succeed in our new cosmetic product's development. Thus, I need your advice on how to gather useful information because you are an information research specialist. I will be waiting for your call, and you can reach me directly at (122)-567-9900. Thanks.

| 전화음성메시지 해석 |

여보세요. 저는 연구개발부서에서 전화하는 잭입니다. 다음 문제에 대해서 당신의 조언이 필요합니다. 지난 6개월 동안, 7명의 전문가로 구성된 우리 프로젝트팀은 새 화장품을 개발 중이었습니다. 아시다시피, 그 팀에서 개발하고 있는 신상품은 우리 회사의 미용분야 비즈니스의 생존과 성장에 매우 중요합니다. 그래서 우리 프로젝트팀은 시장조사를 하는 데 많은 시간을 투자했습니다. 시장조사의 한 방법으로 기존고객과 잠재고객뿐만 아니라, 시장조사를 하는데 도움을 주는 자원봉사자들로부터 깊이 있는 정보를 수집하려고 했습니다. 문제는, 우리가 수집한 정보의 대부분이 별로 도움이 안 되는 것으로 판명이 났습니다. 시장조사에서 믿을만한 정보를 수집한다는 것은 저희 신제품 화장품이 성공하는 데 필수입니다. 그래서 당신이 정보분석 전문가이기 때문에 유용한 정보를 수집하는 방법에 대한 조언이 필요합니다. 전화기다리고 있을 테니 (122)-567-9900으로 직접 전화 주시기 바랍니다.

[남겨진 전화음성메시지 분석하기]

1	누가 → 누구에게 메시지를 남겼는지?	연구개발부서의 Jack 정보분석 전문가에게 메시지를 남김
2	전화음성메시지 문제인식	화장품 신제품 개발에 필요한 정보수집을 수집했는데 그 정보들이 도움이 안 된다.
	요구사항	신제품 개발에 도움이 될 유용한 정보수집에 대한 방법을 알려달라
3	해결책 제시	[정보제공/보상 해결책 이용] → 올바른 정보제공자를 먼저 선정한 다음에, 유용한 정보제공자에게 보상을 해서 정보수집의 질을 높이기
4	답안완성하기	CMM (Choice + Mix = Match) 방법으로, 답안 템플릿을 활용해서 답을 만든다.

Actual Test 2 파트5 모범답안

Hello, Jack. This is Catherine. I am returning your voice message regarding your problem. According to your message, getting reliable information on market research is essential to succeed in your new cosmetic product's development. So, you need my advice on how to gather more useful information. Here are my suggestions for you.

First of all, it is very important to select the right information providers if you want to collect useful information needed in the process of developing a new cosmetic product. In addition, it is also important to give the information providers some financial incentives like cash bonuses if your company wants to collect high-quality information on market research. I think it is the most effective way to get reliable information.

I hope this will help you solve the problem. If you need more help, please call me back anytime. Bye.

| Actual Test 2 모범답안 해석 |

여보세요, 잭. 저는 캐서린입니다. 당신이 남긴 음성 메시지 때문에 전화를 드립니다. 당신 메시지에 따르면, 시장조사에서 믿을만한 정보를 수집한다는 것은 당신 회사의 신제품 화장품개발이 성공하는데 필수라는 거지요. 그래서 더 유용한 정보를 수집하는 데 대한 저의 조언이 필요하다는 것이지요. 여기 당신을 위한 해결책들이 있습니다. 먼저, 화장품 신제품 개발과정에 필요한 유용한 정보를 수집하고자 한다면, 올바른 정보제공자를 선택하는 것이 매우 중요합니다. 게다가, 당신 회사가 시장조사에 대해 질 높은 정보를 수집하고자 한다면 정보제공자들에게 현금 보너스 같은 인센티브를 제공하는 것도 중요합니다. 제 생각에는 이것이 믿을만한 정보를 얻을 수 있는 가장 효과적인 방법이라고 생각합니다. 이것이 당신이 그 문제를 해결하는 데 도움이 되기를 바랍니다. 도움이 더 필요하시면, 언제라도 전화 주시기 바랍니다. 그럼, 안녕히 계세요.

Actual Test 5회분 해석 & 모범답안

Actual Test 3회 파트5

[전화음성메시지 내용]

Hello, Robert. This is Billy. I have an issue to discuss with you. I have been running a successful furniture business for 10 years on the corner of Alice Street and Madison Avenue. As you know, our furniture company only sells the best quality brand name furniture at factory direct prices. Because of this, our furniture company has a good reputation for offering incredible values at the best possible prices. The problem is that the timber supplier that provides us with the high quality wood used in our furniture raised their prices, and I have to look for another timber supplier. I am considering two new suppliers. One is a start-up company and the other is an older, more established business. The start-up company offers low prices, and on the other hand, the more reliable company offers high prices. In this situation, which would you choose if you were in my shoes? As our company's business partner, I need your advice on this issue. I will be waiting for your call. Thanks.

| 전화음성메시지 해석 |

여보세요. 로버트. 나 빌리야. 너랑 의논할 일이 있어. 나는 앨리스가와 매디슨가 코너에서 10년간 성공한 가구사업을 운영해 오고 있어. 알다시피, 우리 가구 회사는 공장 직판가격으로 가장 질 좋은 브랜드가구만을 팔잖아. 이것 때문에, 우리 가구회사는 가장 좋은 가격으로 믿을 수 없는 가치를 제공한다는 것으로 좋은 평판을 얻고 있어. 문제는 우리 가구에 사용되는 질 좋은 목재를 제공하는 목재업자가 가격을 올렸어. 그래서 다른 목재업자를 찾아야 하거든. 현재 2개 업체를 생각 중이야. 한 곳은 신생기업이고, 다른 한 곳은 오래되고, 더 기반이 있는 업체야. 신생기업은 낮은 가격을 제시하는데 반면에, 그 믿을만한 업체는 높은 가격을 제시해. 이런 상황에서 네가 만약 내 입장이라면 어느 업체를 선택하겠니? 우리 회사의 파트너로서, 나는 이 문제에 대해 너의 조언이 필요해. 전화 기다릴 테니 연락 줘. 고마워.

[남겨진 전화음성메시지 분석하기]

1	누가 → 누구에게 메시지를 남겼는지?	Billy가 Robert에게 메시지를 남김
2	전화음성메시지 문제인식	가구 목재를 제공하는 업체가 가격을 인상시켜서 다른 업체를 구하는데 낮은 가격을 제공하는 신생업체와 높은 가격을 제공하는 믿을만한 업체 중에서 어느 것을 선택해야 할지?
	요구사항	어느 업체를 선택할지에 대한 조언을 달라
3	해결책 제시	[제시된 2가지 중에서 한가지 선택-신생업체 선택] → 낮은 가격이 경쟁력을 가지게 되며, 이 또한 우리 고객들에게 낮은 가격으로 제품을 제공할 수 있기 때문에 회사와 고객 모두에게 좋다
4	답안완성하기	CMM (Choice + Mix = Match) 방법으로, 답안 템플릿을 활용해서 답을 만든다.

Actual Test 3 파트5 모범답안

Hello, Billy. This is Robert. I am returning your voice message regarding your problem. According to your message, you have to look for another timber supplier for good wood for your furniture, but you can't decide which one to choose: a start-up company offering low prices, or a more reliable company offering high prices. So you need my advice on how to solve the problem. Here is my suggestion for you.

First of all, if I were you, I would choose the start-up timber supplier that offers low prices. This is because, as you know, competitive prices are very important for your furniture business. For example, your company can provide furniture at low prices, which will be good for your company as well as for your customers. So choosing a start-up timber supplier offering low prices is the most effective choice to solve the problem.

I hope this will help you solve the problem. If you need more help, please call me back anytime. Bye.

| Actual Test 3 모범답안 해석 |

여보세요. 빌리. 나 로버트야. 네가 남긴 음성 메시지 때문에 전화해. 네 메시지에 따르면, 너의 가구에 쓰일 좋은 목재를 제공할 다른 업체를 찾고 있는데, 낮은 가격을 제공하는 신생기업과 높은 가격을 제공하는 믿을만한 업체 중에서 어디를 선택할지 결정을 할 수 없다는 거지. 그래서 이 문제를 해결하기 위해서 내 조언이 필요하다는 것이지. 여기 너를 위한 해결책이 있어. 먼저, 만약 내가 너라면, 나는 낮은 가격을 제공하는 신생업체를 선택할 거야. 왜냐하면, 너도 알다시피, 가격경쟁력은 너의 가구 비즈니스에 매우 중요하기 때문이야. 예를 들면, 네 회사가 저렴한 가격에 가구를 팔게 되면, 이는 네 회사뿐만 아니라 고객들에게도 좋은 일이야. 그래서 낮은 가격을 제공하는 신생업체를 선택하는 것이 이 문제를 해결하는 가장 효과적인 방법이라고 생각해. 이것이 네가 그 문제를 해결하는 데 도움이 되기를 바라며, 도움이 더 필요하면, 언제라도 전화 줘. 그럼 이만.

Actual Test 5회분 해석 & 모범답안

Actual Test 4회 파트5

[전화음성메시지 내용]

Hello, this is Heather, Manager of the Planning & Organization office at the museum. I am calling you because I have an issue to discuss with you. Each year, our Natural History Museum in Manhattan has five popular exhibitions, from award-winning wildlife and dinosaur photography to explorations of the natural world. These exhibitions have already gotten a lot of attention on TV and in local newspapers. So, we expect tons of people across the country, including school students and local citizens, to visit our museum at this time of the year. The problem is that I don't want thousands of visitors waiting in line for hours to buy a ticket or being crammed into museum rooms like they were last year. As a director of the museum, you can help me with this issue on how to avoid crowds and long lines at peak times. I will be waiting for your call. You can reach me directly at extension 568. Thank you.

| 전화음성메시지 해석 |

여보세요. 저는 박물관 기획부서 매니저 헤더입니다. 당신과 의논할 문제가 있어서 전화를 드립니다. 해마다, 맨하튼에 있는 우리 자연사 박물관은 상을 받은 야생동물과 공룡 사진전에서부터, 자연 세계의 탐험을 포함한 5개 인기 있는 전시회를 합니다. 이런 전시회들은 벌써 TV나 지역신문에서 많은 관심을 받았습니다. 그래서 전국에서 학교 학생들과 지역 시민들을 포함해서 아주 많은 분이 이맘때쯤에 우리 박물관을 방문할 거라 생각합니다. 문제는, 작년처럼 수천 명의 관람객이 표를 사기 위해서 오랜 시간 줄 서 기다리거나, 또는 전시박물관에 발 디딜 틈도 없이 많은 사람이 꽉 차서 관람하기를 원하지 않습니다. 박물관 관장으로서, 피크타임에 긴 줄과 많은 사람으로 북적거림을 피할 방법에 대해 도움을 줬으면 합니다. 전화를 기다리고 있을 테니, 내선 번호 568로 직접 전화 주시기 바랍니다. 감사합니다.

[남겨진 전화음성메시지 분석하기]

1	누가 → 누구에게 메시지를 남겼는지?	박물관 기획운영부서에 근무하는 매니저 Heather가 박물관 관장에게 메시지를 남김
2	전화음성메시지 문제인식	작년처럼 우리박물관 전시회를 관람하기 위해서 방문한 관람객들을 표를 사는데 몇 시간 동안 줄 서서 기다리게 하거나 많은 관람객들로 북적거리게 하고 싶지 않다.
	요구사항	이에 대한 방법을 알려달라
3	해결책 제시	[공지/예매] → 언제 붐비지 않고, 언제 줄이 짧은지를 홈페이지에 미리 공지해서 알려주고, 방문객수를 통제하는 예약 시스템을 만들자
4	답안완성하기	CMM (Choice + Mix = Match) 방법으로, 답안 템플릿을 활용해서 답을 만든다.

Actual Test 4 파트5 모범답안

Hello, Heather, this is Gilbert. I am returning your voice message regarding your problem. According to your message, this year, you don't want thousands of visitors waiting in line for hours to buy tickets or being crammed into museum rooms. So you need my advice on how to avoid crowds and long lines at peak times. Here are my suggestions for you.

First of all, as you know, crowd control is very important. So, why don't you use the museum website to let visitors know in advance when the museum is less crowded and when the queues are shorter? If you do this, visitors can plan in advance to visit the museum when there are no crowds or long lines. I think it is the most effective way to solve the problem. In addition, it is a good idea to set up a reservation system that controls the number of visitors a day.

I hope this will help you solve the problem. If you need more help, please call me back anytime. Bye.

| Actual Test 4 모범답안 해석 |

여보세요. 헤더. 저는 길버트입니다. 당신이 남긴 음성 메시지 때문에 전화를 드립니다. 당신 메시지에 따르면, 올해, 수천 명의 관람객이 표를 사기 위해서 오랜 시간 줄 서 기다리거나, 또는 전시박물관에 발 디딜 틈도 없이 많은 사람이 꽉 차서 관람하기를 원하지 않는다고 하셨고 그래서 피크타임에 긴 줄과 많은 사람으로 북적거림을 피할 방법에 대해서 저의 조언이 필요한 거군요. 여기 당신을 위한 해결책들이 있습니다. 먼저, 아시다시피, 사람들로 붐비는 것을 통제하는 것이 매주 중요합니다. 그래서 언제 박물관이 붐비고, 언제 줄이 짧은지에 대해서 방문객들이 미리 알 수 있도록 박물관 웹사이트를 이용하는 게 어떻습니까? 만약 이렇게 한다면, 방문객들은 사람들이 붐비지 않고, 긴 줄이 없을 때 박물관을 방문할 수 있게 미리 계획을 잡을 수 있습니다. 제 생각에 이것이 그 문제를 해결하는 가장 효과적인 방법이라고 생각합니다. 게다가, 하루에 방문객들의 수를 통제하는 예약시스템을 만드는 것도 좋은 생각입니다. 이것이 당신이 그 문제를 해결하는 데 도움이 되기를 바랍니다. 도움이 더 필요하시면, 언제라도 전화 주시기 바랍니다. 그럼, 안녕히 계세요.

Actual Test 5회분 해석 & 모범답안

Actual Test 5회 파트5

[전화음성메시지 내용]

Hello, this is Jake calling from the Advertising and Marketing Office. I need your advice on the following issue. Currently, our advertising team consists of four experienced managers and one marketing assistant manager. As you know, our team is very busy with preparing a presentation about a client's mobile phone TV commercial. This presentation is scheduled to take place in two weeks. The problem is that there are too many spelling mistakes in the marketing assistant manager's document. She claims that she has already corrected the spelling errors with a spell checker. Nonetheless, I still found spelling mistakes in her document. As you know, the quality of writing on a TV commercial should be high, which means no spelling or grammar errors at all. Language mistakes can place both our company and our client in jeopardy. I really don't know what to do about her. Since you are the manager of the training department, I think you can help me with this issue. Please get back to me as soon as possible with your solution. I am waiting for your call. Thank you.

| 전화음성메시지 해석 |

여보세요. 저는 광고마케팅부서에서 전화하는 제이크입니다. 다음 문제에 대해 당신의 조언이 필요합니다. 현재, 저의 광고 팀은 4명의 업무경험이 많은 매니저와 1명의 마케팅 어시스턴트 매니저로 구성되어 있습니다. 아시다시피, 우리 팀은 의뢰인고객의 핸드폰 TV 광고 프레젠테이션 준비로 매우 바쁩니다. 이 프레젠테이션은 2주 뒤에 스케줄이 잡혀있는데, 문제는 그 마케팅 어시스턴트 매니저 서류에 너무 많은 철자 오류가 있다는 것입니다. 그녀 주장으로는 철자 체크기로 철자 오류를 벌써 확인했다고 합니다. 그럼에도 불구하고, 그녀 서류에 여전히 스펠링 오류가 있는 게 보입니다. 아시겠지만, TV 광고에서 글의 질은 높아야 하며, 이는 어떠한 철자나 문법 오류가 없어야 함을 의미합니다. 글의 실수는 우리 회사와 고객 둘 다 위험에 처하게 할 수 있습니다. 그녀에 대해서 어떻게 해야 할지 모르겠습니다. 당신이 교육부서 매니저이니, 이 문제를 해결하기 위해 저를 도와줄 수 있다고 생각합니다. 해결책을 가지고 가능한 한 빨리 연락 주시기 바랍니다. 전화기다리고 있겠습니다. 감사합니다.

[남겨진 전화음성메시지 분석하기]

1	누가 → 누구에게 메시지를 남겼는지?	광고/마케팅부서에 근무하는 Jack이 교육부서 매니저에게 메시지를 남김
2	전화음성메시지 문제인식	고객회사의 핸드폰 TV 광고 프레젠테이션을 준비중인 데, 팀원 중 한명인 마케팅 어시스턴트 매니저가 가 서류에 철자실수를 너무 많이 한다.
	요구사항	이 직원에 대해서 어떻게 조치를 취하면 될지에 대해서 알려달라.
3	해결책 제시	[공지/예매] → 철자오류를 인지시키고, 더 효율적인 교육을 실시
4	답안완성하기	CMM (Choice + Mix = Match) 방법으로, 답안 템플릿을 활용해서 답을 만든다.

Actual Test 5 파트5 모범답안

Hello, Jack. This is Sara. I am returning your voice message regarding your problem. According to your message, a marketing assistant manager has made many spelling mistakes in her document that could place both our company and our client company in jeopardy. So you need my advice on how to solve the problem. Here are my suggestions for you.

First of all, it is very important to let the marketing assistant manager know about her frequent spelling mistakes in her document. And then, why don't you give her some effective training that helps her work better when it comes to spelling mistakes? I think it is the most effective way to solve the problem. If you see the same spelling problems in her documents in the future, I will figure out a better way to solve the problem.

Until then, I hope this will help you solve the problem. If you need more help, please call me back anytime. Bye.

| Actual Test 5 모범답안 해석 |

여보세요. 제이크. 저는 사라입니다. 당신이 남긴 음성 메시지 때문에 전화를 드립니다. 당신 메시지에 따르면, 마케팅 어시스턴트 매니저가 그녀가 작성하는 서류에 많은 철자 오류를 범하고 있는데, 이는 우리 회사와 고객회사 둘 다 위험에 처하게 할 수 있는 문제라는 거지요. 그래서 이 문제를 해결하기 위해 저의 조언이 필요하다는 것이지요. 여기 당신을 위한 해결책들이 있습니다. 먼저, 그 마케팅 어시스턴트 매니저가 그녀가 작성하는 서류에 많은 철자실수를 한다는 것을 알려주는 게 매우 중요합니다. 그런 다음, 철자 실수에서 그녀가 더 잘 일 할 수 있도록 도움을 줄 수 있는 효과적인 트레이닝 교육을 하는 게 어떻습니까? 제 생각에는 이것이 그 문제를 해결하는 가장 효과적인 방법이라고 생각합니다. 만약, 앞으로도 그녀 서류에 같은 철자실수 문제를 보게 된다면, 그 문제를 해결하기 위한 더 나은 방법을 생각해 보겠습니다. 그때까지, 이것이 당신이 그 문제를 해결하는 데 도움이 되기를 바랍니다. 도움이 더 필요하시면, 언제라도 전화 주시기 바랍니다. 그럼, 안녕히 계세요.

MEMO

Q11. Express an opinion
의견 제시하기

 1단계   출제유형 파악하기

 2단계   출제유형 답안 템플릿

 3단계   출제유형토픽 별 만능문장

 4단계   출제유형 연습하기

 5단계   출제유형 최신기출 Actual Test

1단계 출제유형 파악하기

1. 시험구성

문제유형	제시되는 구체적인 토픽에 대해서 자신의 의견을 제시하는 문제
문제번호	여섯 번째 문제유형 파트6로 Q11번으로 한 문제가 배정
문제시간	준비시간 15초와 답안시간 60초가 주어진다
점 수	5점 만점 (0~5점)으로 같은 5점만점인 파트5보다 가중치가 더 높은 문제로 토익스피킹 시험에서 가장 어려운 문제유형
채점기준	파트1 (발음 + 억양 + 강세 + 끊어 읽기) + 파트2 (문법 + 어휘의 다양성 + 일관성) + 파트3 (내용의 연관성 + 내용의 일관성 + 내용의 완성도)

2. 득점포인트

✓ 이 파트는 영어를 아주 잘하는 사람에게도 어려운 문제이기 때문에 최소한 주어진 주제에 대하여 [이 토픽에 대한 내 생각은 이거야!]하고 전달만 잘 시켜도 일단 반은 성공임으로 최대한 주어진 토픽에 부합하게 자신의 의견을 제시해야 한다.

✓ 이 파트는 답안구성이 논리적이어야 하기 때문에 『주장 제시 → 근거 + 예시 제시 → 마무리』 단계로 구성해서 답을 한다

✓ 준비시간 15초동안에 자신이 선택한 주장을 뒷받침할 수 있는 [근거제시 1가지]와 그 근거에 해당하는 [예시제시 1가지]에 대해서 우리나라 말로 키워드를 끄집어 내는 연습을 한다.

✓ 60초 답안 분량 중에서 적어도 55초 이상 분량의 짧지 않은 문장으로, 최소 8문장 이상의 일관성 있는 답안을 완성한다.

✓ 파트6 채점기준에 부합하는 답안을 완성한다.

✓ 말하기 시험은 상대방, 즉 채점자가 알아들을 수 있는 말을 하는 게 중요하므로, 상대방이 알아들을 수 있도록 자신 있는 큰 목소리로 명확하고, 또박또박하게 자신의 말을 상대방에게 잘 전달시킬 수 있도록 말을 해야 한다.

3. 출제유형 파악

▶ 시험에 주로 출제되는 <u>질문토픽의 키워드</u>는 ❶직장/비즈니스 관련 키워드의 토픽이 가장 많이 출제되며 ❷다음으로, 일상/사회 관련 키워드의 토픽 ❸그리고 아주 가끔씩 자녀+교육관련 키워드 순으로 나오고 있다. (출제빈도가 현저히 떨어지는 키워드)

▶ 시험에 주로 출제되는 <u>질문유형</u>은 ❶찬반형 질문이 가장 많이 출제되며 ❷다음으로, 선택형 ❸그리고 아주 가끔씩 서술형 순으로 나오고 있다. (출제빈도가 현저히 떨어지는 유형)

[남겨진 전화음성 메시지 내용순서]

	질문토픽 키워드	질문유형
1	직장/비즈니스 관련 키워드 ▶ 성공요인 ▶ 자질/관계 ▶ 업무스킬/업무만족 ▶ 평판 ▶ 팀워크	A. 찬반형 Do you agree or disagree with the following statement?
2	일상/사회 관련 키워드 ▶ 인터넷과 관련해서 답할 수 있는 모든 것 (e.g. 웹사이트, SNS, 핸드폰, 음악, 강의, 쇼핑 등) ▶ 기술진보/변화 ▶ 광고/홍보/고객서비스 ▶ 돈 ▶ 교육/여가 등	B. 선택형 Which of the following~? 세가지 예시제시 Which do you prefer, A or B~?

[직장/비즈니스 관련질문토픽 예시]

성공요인	• Today, business leaders consider loyal customers a key factor for a successful business. 오늘날 비즈니스 리더들은 충성고객들을 성공적인 비즈니스의 핵심요소로 생각한다.
	• Which of the following do you think is the most important thing to succeed at work?-interpersonal skills, -critical thinking, -creativity. 직장에서 성공하기 위해서 다음 중 어느 것이 가장 중요하다고 생각합니까? - 대인관계, - 비판적인 사고, - 창의력

자질/관계	• Which of the following do you think is the most important thing for a team leader? -giving clear directions, coming up with good ideas, -encouraging team members 팀 리더에게 다음 중 어느 것이 가장 중요하다고 생각합니까? 정확한 지시사항 주기, 좋은 아이디어 생각해내기, 팀 멤버 고무시키기
	• It is important to have a good relationship with supervisors to succeed at work. 상사와 좋은 관계는 직장에서 성공하는 데 중요하다.
업무스킬/업무만족	• Which of the following do you think is the best way to learn new job skills at work? —by taking a class, by using the Internet, by talking with an exper. 직장에서 새로운 스킬을 배울 때 다음 중 어느 것이 가장 좋은 방법이라고 생각합니까? – 수업으로, 인터넷사용으로, 전문가와 얘기로
	• Which of the following is the most important for your work satisfaction? -flexible working hours, speedy promotions, big salary 업무만족을 위해서 다음 중 어느 것이 가장 중요하다고 생각합니까? –유연한 업무시간, 빠른 승진, 많은 월급
평판	• Business people care about their reputation more now than they did in the past. 비즈니스 하는 사람들은 과거보다 그들의 평판에 더 많이 신경을 쓴다
	• It's more difficult for celebritiesto maintain goodreputations nowthan it was in the past. 요즈음, 과거와 비교해 봤을 때 유명인사들이 그들의 평판을 유지하는 게 더 어렵다.
팀워크	• A good business leader prefers to make decisionswith a team rather than alone. 비즈니스리더는 혼자보다는 팀으로 의사결정을 하는 것을 선호한다.
	• Which of the following do you think is the most challenging part of working on a group project? -getting along with other members of the group, -being confident, -dealing with criticism 그룹 프로젝트를 할 때 가장 도전적인 부분은 다음 중 어느 것이라고 생각합니까? – 서로 잘 지내기, 자신감 가지기, 비판을 잘 다루기

[일상/사회 관련 질문토픽 예시]

인터넷관련	• Which would you prefer to read: an e-Book or a paper book? 전자책과 종이책 중에서 어느것을 읽는 것을 선호합니까?
	• Listening to recorded music has more advantages than going to a live music concert. 녹음된 음악을 듣는 게 라이브 음악콘서트에 가는 것보다 더 많은 이점이 있다.
기술진보/변화	• Which of the following do you think will have changed more 20 years from now? –Publishing, banking, farming 지금으로부터 20년후에 다음 중 어느 것이 많이 변화할거 같습니까? –출판,금융,농업
	• No business would be successful without using advanced technology. 기술진보 없이는 어떠한 사업도 성공할 수 없을 것이다.
광고/홍보/ 고객서비스	• Social media is the most effective tool for companies to advertise and promote their products. 소셜미디어는 회사들이 상품을 광고/홍보하기 위한 가장 효율적인 도구이다.
	• Today, business leaders value loyal customers more than they did in the past. 오늘날, 비즈니스 리더들은 과거보다 충성고객을 더 중요하게 생각한다.
돈	• Which of the following would you spend extra money on if you could? –overseas travel, entertainment, healthy food. 여유돈이 생긴다면 그 돈을 다음 중 어디에다 쓸 것입니까? –해외여행, 오락, 건강식
	• Working while being a college student has ssome disadvantages. 대학생이면서 동시에 일을 하는 게 안 좋은 점이 있다.
그 외(교육/여가 등)	• Today, people have more free time than previous generations had. 오늘날, 사람들은 전세대들보다 더 많은 여가시간이 있다.
	• Watching TV has more advantages than disadvantages for pre-school children. TV시청은 미취학 아동들에게 나쁜 점보다는 좋은 점이 더 많다.
	• Living with a roommate is better than living alone. 룸메이트랑 사는 것이 혼자 사는 것 보다 더 좋다.
	• When it comes to training employees, which would you prefer: one-on-one or online training? 직원 트레이닝에 있어서 맨투맨 트레이닝과 온라인 트레이닝 중에서 어느 것을 선호합니까?

2단계 출제유형 답안 템플릿

1 답안 템플릿 🎧 1-01

A. 찬반형

> → Do you agree or disagree the following statement? 시작하는 질문유형으로 반드시 주어진 토픽에서 찬성 또는 반대 중 하나를 선택해서 답한다.

[답안 템플릿 구성]

순서	답안구성		답안구성 기본문장
1단계	주장/결론제시	찬반/반대	• I agree / disagree with the statement / idea that~ 토픽
	도입문장		• There are some reasons to support my opinion.
2단계	근거제시 1개 + 예시 1개		• First of all, ~ • Let me give you an example(=For example),~ • In my case,
3단계	마무리		• For the reason(s), I agree/disagree with the statement.

A. 찬반형 답안 템플릿 구성

I agree/disagree with the statement that _____질문토픽_____.

There are two reasons to support my opinion.

(=I agree/disagree with the statement that _____질문토픽_____ for the following reasons.)

First of all, _____근거제시(1)_____

_____.

Let me give you an example, _____예시(1)_____.

For the reason(s), I agree/disagree with the statement.

B. 선택형

> → 질문유형이 ① prefer~을 이용해서 묻는 질문일 때는 두 가지 예시 중에서 한 가지를 선택하고, ② which of the following~을 이용해서 묻는 질문일 때는 세가지 예시 중에서 한 가지를 선택해서 답한다. (참고로, which of the following~ 3가지 예시를 주는 선택형 유형이 주로 출제된다.)

[답안 템플릿 구성]

순서	답안구성		답안구성 기본문장
1단계	주장/결론제시	① 선택-2가지 예시	In my case, I prefer + 선택1개 rather than~
		② 선택-3가지 예시	I think + 선택1개 + 질문 토픽~
2단계	근거+예시	도입문장	There are some reasons to support my opinion.
			[근거 1] First of all, ~ [예시 1] Let me give you an example (=For example),~
3단계	마무리	① 선택사항 2개	For the reason(s), I prefer 선택한 것~
		② 선택사항 3개	For the reason(s), I choose 선택한 것~

B. 선택형 답안 템플릿 구성

선택형 2가지 ① In my case, I prefer _____예시에서 1개선택_____ rather than~

_____. There are some reasons to support my opinion.

선택형 3가지 ② I think _____예시에서 1개 선택_____.

There are some reasons to support my opinion.

First of all, _____근거제시(1)_____

_____.

For example, _____예시(1)_____.

For the reasons, I prefer~ / I choose ~ .

3단계 출제유형 토픽별 만능문장

Topic 키워드 1. 직원자질

🎧 06 Basic 01_01~02

Q. 새로운 직원을 뽑을 때 가장 중요한 것은? 『선택형 질문』

→ 끈기, 적응력, 문제해결능력 어느것을 선택해도 무방

① Employees with persistence tend to work hard, and as a result, they usually achieve better results. After all, it is good for the company as well as for the employees.
끈기를 가진 직원들은 열심히 일하는 경향이 있으며, 그 결과로, 그들은 대체로 더 좋은 성과를 이루어냅니다. 결국, 이것은 회사뿐만아니라 직원에게도 좋은일 입니다.

② Let me give you an example. When I worked as an intern at a department store a couple of years ago, I worked hard to get a full-time job. Of course, there were many difficult moments during my internship, but I overcame them with my persistence.
예를 하나 들어보겠습니다. 몇 년전에 백화점에서 인턴으로 일했을 때, 풀타임을 잡으려고 열심히 일했습니다. 물론, 인턴쉽하는 동안에 많은 어려움이 있었지만, 끈기로 그 어려움들을 극복했습니다.

🎧 06 Basic 01_03~04

Q. 새로운 직원을 뽑을 때 가장 중요한 것은? 『선택형 질문』

→ 생산성/효율성/성실성 어느 것을 선택해도 무방

① As you know, a company's growth and success depends on each employee's productivity, and employees with high productivity usually get their jobs done well. So productivity is very important when evaluating an employee's performance.
아시다시피, 회사의 성장과 성공은 각 직원들의 생산성에 달려있습니다. 그래서 높은 생산성을 가진 직원들은 대체로 자신들의 일을 잘 합니다. 그래서, 생산성은 직원들의 업무평가를 할 때 매우 중요합니다.

② It is very important for companies to have Productive employees. These kinds of employees can use limited resources efficiently and can help lower the company's operating costs and increase the company's profits, In the end, it is good for the company as well as for the employees.
회사들이 생산적인 직원들을 가지는 게 중요합니다. 이런 종류의 직원들은 제한된 자원을 효율적으로 사용하며, 이로 인해 회사의 운영비용을 줄이고 회사의 이익을 높이는데 기여합니다. 결국, 이는 회사뿐아니라 직원들에게도 좋은 일입니다.

Topic 키워드 2. 직원교육/성공요인

🎧 06 Basic 02_01~02

Q. 신입직원이 새로운 업무스킬을 배울 때 똑똑한 매니저랑 함께 교육을 받는 게 가장 좋은 방법이다.
『찬반형 질문』

→ **찬성할 때**

① As you know, intelligent managers tend to have much more business knowledge, and as a result, they usually have better achievements. Overall, intelligent managers are very helpful when new employees don't understand something during the training class.
아시다시피, 똑똑한 매니저들은 더 많은 비즈니스 지식이 있으며, 그 결과로, 대체로 더 좋은 성과를 냅니다. 전반적으로 이런 매니저들은 신입직원들이 트레이닝을 받는 동안 뭔가 잘 이해하지 못할 때 매우 도움이 됩니다.

② Let me give you an example. I started my career as an entry-level employee a couple of years ago. At that time, I had a hard time learning new job skills. This was mainly because there were no intelligent managers to help me when I took a training class to learn new job skills.
예를 하나 들어보겠습니다. 몇 년전에 저는 신입직원으로 제 경력을 시작했습니다. 그 당시에, 저는 새로운 업무기술을 배우는데 어려움이 많았습니다. 그 주된 이유는, 새로운 업무스킬을 배우기 위해서 트레이닝을 받을 때, 저를 도와줄 똑똑한 매니저가 없었기 때문입니다.

🎧 **06 Basic 02_03~04**

Q. 직원들의 업무능력을 향상시키고자 할 때 다음 중 어느 것이 가장 중요한가? 「선택형 질문」

→ **보상을 선택할 때**

① Rewards are essential for success in today's workplace. This is because rewards like cash bonuses or paid vacations can be good ways to motivate employees to work harder and better than ever before.
보상은 오늘날 직장에서 성공의 필수입니다. 왜냐하면, 현금 보너스나 유급휴가 같은 보상들은 직원들이 그 어느때보다 더 열심히, 더 잘 일할수 있도록 동기부여시킬수 있는 좋은 방법이 될수 있기 때문입니다.

② For example, when employees are rewarded for achievements, it can make them more effective and more productive workers. Ultimately, it is good for the company as well as for the employees.
예를 들면, 직원들이 성과에 대한 보상을 받았을 때, 이는 그들이 더 효율적이고 더 생산적인 직원들로 만들 수 있게 해줍니다. 궁극적으로, 이는 회사뿐만 아니라, 직원들에게 좋은 일입니다

🎧 **06 Basic 02_05~06**

Q. 직장에서 성공적인 업무를 하기 위해 다음 중 어느 것이 중요한가? 「선택형 질문」

→ **Teamwork 선택**

① As you know, working in a team has some benefits, one of which is that team members can have the opportunity to learn from each other. For example, they can share ideas and abilities, which results in better problem solving.
아시다시피, 팀으로 일을 하면 몇 가지 이점들이 있습니다. 그 중 하나는 팀 멤버들이 서로에게서 배울 수 있는 기회를 가질 수 있습니다. 예를 들어, 아이디어와 능력들을 공유하며 이는 더 나은 문제를 해결하는 결과를 낳게 합니다.

② Another benefit of team work is that things get done faster. For example, when people work together as a team, they support one another and adapt to each other's working styles. So, they are able to accomplish more as a team than the individual members could accomplish on their own.

팀워크의 또 다른 이점은 일이 더 빨리 처리된다는 것입니다. 예를 들어, 팀으로 일을 함께 하게 되면, 서로 돕고, 서로의 업무 스타일에 맞추게 됩니다. 그래서 개인이 혼자서 성취할 수 있는 것보다 팀으로서 더 많은 것을 성취할 수가 있습니다.

🎧 06 Basic 02_07~09

Q. 직장에서 성공적인 업무를 하기 위해 다음 중 어느 것이 중요한가? 「선택형 질문」

→ **stress management 선택**

① As you know, stress in the workplace affects all kinds of business issues and relationships with people. As a result, stress management is very important for the success of today's workplace.

아시다시피, 직장에서 스트레스는 업무와 관련된 모든 이슈와 그리고 사람들과의 관계에 영향을 끼칩니다. 그 결과로, 스트레스관리는 오늘날 직장의 성공에 매우 중요합니다.

② For example, if employees have stress management skills, it can help them avoid conflicts caused by different opinions and personalities.

예를 들어, 만약 직원들이 스트레스를 관리할 스킬이 있다면, 이는 다른 의견이나 성향으로 야기된 충돌을 피할 수 있게 해줍니다.

③ In addition, stress management skills can also help them improve their relationships with people in the workplace. In the end, it is good for the company as well for the employees.

게다가, 스트레스 관리 스킬은 직장에서의 사람들과의 관계를 개선시키는데 도움을 줄 수 있으며 이는 결국 회사뿐만 아니라 직원들에게 좋은 일입니다.

🎧 06 Basic 02_10~11

Q. 직장에서 성공하기 위해서는 interpersonal skill/social skill/communication skill 이 중요하다.
「찬반형 질문」

→ **찬성할 때**

① Interpersonal skills are essential for success in today's workplace. As you know, an employee with interpersonal skills tends to work hard, and as a result he usually has better achievements. Ultimately, it is good for the company as well as for the employee.

대인관계 스킬은 오늘날 직장에서 성공의 필수입니다. 아시다시피, 대인관계 능력을 가진 직원은 대체로 일을 열심히 하는 성향이 있으며 그 결과로, 그는 더 좋은 성과를 만들어냅니다. 궁극적으로, 이는 회사뿐만 아니라 그 직원에게도 좋은 일입니다.

② In addition, an employee with interpersonal skills usually has a good relationship with his co-workers as well as his supervisors. Thus, he can get help from his co-workers or his supervisors when he is in trouble at work.

게다가, 대인관계 스킬을 가진 직원은 동료뿐만 아니라 상사와도 좋은 관계를 가지게 됩니다. 그래서 그가 직장에서 어려움에 처할 때, 그의 동료나 상사에게서 도움을 받을 수 있습니다.

Topic 키워드 3. 교육

Q. 온라인 교육이 직원을 교육시키는데 있어서 가장 좋은 방법이다. 「찬반형 질문」

→ 찬성선택

🎧 06 Basic 03_01~02

Q. 새로운 업무 스킬을 익힐 때 온라인수업을 통해서 배우는 게 가장 좋은 방법이다. 「찬반형 질문」

→ 찬성할 때

① As you know, nowadays, many people have easy access to the Internet through their smart phones or tablets. Because of this, they can take online classes at any time and any place as long as they have an Internet connection.
아시다시피, 요즘음 많은 사람은 스마트폰이나 태블릿을 통해서 인터넷에 쉽게 접근을 할 수 있습니다. 이 때문에 인터넷 접속만 되면 언제 어디서나 온라인 수업을 들을 수 있습니다.

② With the flexibility of online classes, people can schedule their classes and work at their own pace. So, people are able to plan their studying time at the convenience of their own schedules.
온라인 수업의 유연성 때문에 사람들은 자신의 속도에 따라 수업과 일의 일정을 조정할 수 있습니다. 그래서 사람들은 자신의 스케줄상의 편의에 따라 공부시간 계획을 세울 수 있습니다.

🎧 06 Basic 03_03~05

Q. 새로운 업무 스킬을 익힐 때 책을 통해서 배우는 게 가장 좋은 방법이다. 「찬반형 질문」

→ 찬성할 때

① When it comes to learning new job skills, books can be a big help in getting some basic knowledge and skills.
새로운 업무 스킬을 배우는 것에 있어서, 책은 기본적인 지식과 스킬을 얻는데 있어서 큰 도움이 될 수 있습니다.

② In addition, books are very affordable, and they cost less money than other methods of learning job skills, such as taking classes.
게다가, 책은 비용이 저렴하기 때문에 새로운 업무 스킬을 배우기 위한 다른 수단, 예를 들어, 수업 듣는 것 보다는 비용이 더 저렴합니다.

③ Also, books are portable. So, people can bring them anywhere and read them at any time. This means people can easily learn new job skills at their own pace regardless of the time and place.
또한, 책은 휴대 가능합니다. 그래서 어디서나 가지고 다닐 수 있으며 언제라도 읽을 수가 있습니다. 즉, 사람들은 시간과 장소에 상관없이 자신의 속도에 맞게 새로운 업무 스킬을 쉽게 배울 수 있습니다.

🎧 06 Basic 03_06~07

Q. 선생님이 있는 교실에서의 수업과 온라인 수업 중에서 어느 것을 선호하는지? 「선택형 질문」

→ 온라인 수업 선택

① As you know, tuition for online classes is lower than tuition for traditional schools. Furthermore, it is very convenient to be able to download all the materials needed for the classes such as lectures, assignments, and notes.

아시다시피, 온라인수업에 대한 수업료는 학교수업료 보다는 더 저렴합니다. 게다가, 강의자료, 과제, 그리고 필기노트 같이 수업에 필요한 모든 자료를 다운받을 수 있기 때문에 매우 편리합니다.

② Since classes are online, we don't have to attend classes in person, and it can save time. In addition, we are able to plan our study time according to the convenience of our schedules.

수업이 온라인상으로 진행되기 때문에 직접 수업에 참석할 필요가 없습니다. 그래서 시간을 절약할 수 있습니다. 게다가, 스케줄의 편리에 따라서 공부시간 계획을 짜는 게 가능합니다.

Topic 키워드 4. 리더자질/성공요인

🎧 06 Basic 04_01~02

Q. 비즈니스 리더들은 혼자보다는 팀으로 의사 결정하는 것을 선호한다. 「찬반형 질문」

→ 찬성선택

① Business leaders' decisions are very important for the success of today's businesses. As you know, as companies grow, the decisions generally become more complicated.

비즈니스 리더들의 결정들은 오늘날 비즈니스 성공에 매우 중요합니다. 아시다시피, 회사가 성장하면 할수록, 결정들이 더 복잡해지게 됩니다.

② Thus, it is very important for business leaders to make quick decisions. They should have the ability to make good decisions quickly in order to keep the business moving forward.

그래서 비즈니스 리더들이 빠른 결정을 하는 게 매우 중요합니다. 비즈니스 리더들은 비즈니스가 지속적으로 앞으로 나아가도록 하기 위해서 올바른 결정을 빠르게 할 능력을 가지고 있어야 합니다.

🎧 06 Basic 04_03~04

Q. 창의력/정직함이 비즈니스 리더들에게 가장 중요한 자질이다. 「찬반형 질문」

→ 찬성선택

① Creativity/Honesty is very important for the success of today's business. As you know, creativity/honesty is brilliant ideas/truth, innovation/integrity, and imagination/the right thing to do. So, creativity/honesty is very important for a successful business leader.

창의력/정직함은 오늘날 비즈니스 성공에 매우 중요합니다. 아시다시피, 창의력/정직함은 기발한 생각/진실, 혁신/청렴결백, 상상력/해야 될 올바른 일 입니다. 그래서 창의력/정직함은 성공한 비즈니스 리더에게 매우 중요합니다.

② For example, a business leader with creativity/honesty tends to motivate his employees to work harder and better, and as a result, the employees usually achieve a lot. In the end, it is good for the company as well as for the business leader.

예를 들어, 창의력/정직함을 가진 비즈니스 리더는 그의 직원들이 더 열심히 그리고 더 잘 일할 수 있도록 고무시키는 경향이 있습니다. 그래서 그 결과로, 직원들은 대체로 성과를 많이 냅니다. 결국, 이는 회사뿐만 아니라 비즈니스 리더에게도 좋은 일입니다.

🎧 06 Basic 04_05~07

Q. 성공한 비즈니스 리더는 좋은 커뮤니케이션 스킬을 가지고 있다. 「찬반형 질문」

→ <u>찬성선택</u>

① As you know, the primary role for a business leader is to use clear guidance and a caring attitude to motivate his employees to grow and succeed. Therefore, the business leader should focus on the team's goals.
아시다시피, 비즈니스 리더의 주요한 역할은 직원들이 성장하고 성공할 수 있도록 동기부여 시킬 수 있는 명확한 지도력과 관심을 갖는 태도입니다. 그래서 비즈니스 리더는 팀의 목표달성에 초점을 맞춰야 합니다.

② Because of this, good communication skills are required to be a leader. For example, if a business leader with good communication skills narrows the communication gap between his employees and himself, it can help avoid misunderstandings.
이런 이유 때문에 좋은 커뮤니케이션 스킬은 리더에게 필수입니다. 예를 들어, 좋은 커뮤니케이션 스킬을 가진 비즈니스 리더는 직원들과 자신 사이의 커뮤니케이션 차이를 좁혀주며 이는 오해를 피할 수 있도록 해줍니다.

③ In addition, a business leader with good communication skills usually has excellent negotiation abilities, which is very important for the success of a business.
게다가, 좋은 커뮤니케이션 스킬을 가진 비즈니스 리더는 대체로 비즈니스에서 성공에 매우 중요한 뛰어난 협상능력을 가지고 있습니다.

Topic 키워드 5. 동료관계/팀 업무

🎧 06 Basic 05_01~02

Q. 그룹 프로젝트로 일을 진행할 때 가장 어려운 점은? 「찬반형 질문」

→ <u>Getting along with one another</u>

① As you know, working in a group project requires cooperation, coordination, and teamwork to complete projects successfully. For example, a group working on a project must coordinate schedules, arrange meetings, and make decision collectively. So, these tasks take a lot of time.
아시다시피, 그룹 프로젝트를 한다는 것은 그 프로젝트를 성공적으로 완수하기 위해서 협력, 조정, 그리고 팀워크가 요구되는 것을 의미합니다. 예를 들어, 그룹으로 프로젝트를 진행하면 스케줄 조정도 필요하고, 미팅주선도 해야 하며 그리고 그룹으로 결정을 해야 하는 것을 의미합니다. 이런 일들은 많은 시간이 필요합니다.

② It is natural for people working on a group project to have conflicts with each other. For this reason, group cooperation is the most challenging part of working on a group project.
그룹으로 프로젝트를 진행할 때 서로 충돌하는 것은 당연한 겁니다. 이런 이유 때문에 그룹협력이 그룹 프로젝트 진행할 때 가장 도전적인 부분이 됩니다.

🎧 06 Basic 05_03~04

Q. 그룹으로 함께 아이디어를 고안해 내는 게 혼자 일하는 것보다 더 좋다. 『찬반형 질문』

→ 찬성선택

① People can quickly gather many new ideas when working in a group, which is very helpful when you are trying to find the best idea to solve a problem. So, brainstorming with others to come up with fresh and innovative ideas is preferred in most companies.

사람들은 그룹으로 일을 할 때, 많은 새로운 아이디어를 빨리 얻을 수 있으며 이는 문제를 해결하는 가장 좋은 아이디어를 찾고자 할 때 매우 많은 도움이 됩니다. 그래서 신선하고 혁신적인 아이디어를 고안해내기 위해서 다른 사람과의 브레인스토밍 방법이 대부분 기업에서 선호 됩니다.

② Let me give you an example. I am currently working in a Sales & Marketing Department, and new ideas are essential for my work. So, our team tries to come up with some innovative ideas based on group meetings.

예를 하나 들어보겠습니다. 현재 저는 세일즈 마케팅 부서에서 일하고 있습니다. 그래서 제 일의 특성상 새로운 아이디어는 필수입니다. 그래서 저희 팀은 그룹 미팅을 통해서 혁신적인 아이디어를 고안해 내려고 합니다.

🎧 06 Basic 05_05~06

Q. 동료와의 좋은 관계형성은 직장에서 성공하기 위해서 중요하다. 『찬반형 질문』

→ 찬성선택

① Building a good relationship with co-workers is essential for success at work. As you know, employees spend a lot of time at work and see their co-workers more often than their friends or family members. So, forming good relationships with co-workers is very important for success at work.

동료와의 좋은 관계 형성은 직장에서 성공하기 필수적입니다. 아시다시피 직원들은 친구나 가족보다는 그들의 동료들과 더 많은 시간을 보내며 보고 지냅니다. 그래서 동료들과의 좋은 관계 형성은 직장에서 성공에 매우 중요합니다.

② Let me give you an example. If employees have a good relationship with their co-workers, they feel more confident and satisfied at work, and it can help them accomplish more. Ultimately, it is good for the employees as well as for the company.

예를 하나 들어 보겠습니다. 만약 직원들이 그들의 동료들과 좋은 관계를 가지고 있다면 그 직원들은 업무에 더 자신감과 만족감을 가지게 됩니다. 그래서 이는 그들이 더 많은 성과를 이룰 수 있도록 해줍니다. 궁극적으로 이는 그 직원뿐만 아니라 회사에도 좋은 일입니다.

Topic 키워드 6. 인터넷/웹사이트/SNS

🎧 06 Basic 06_01~02

Q. 과거와 비교해 볼 때, 오늘날 정확하지 않는 정보가 만연하다. 『찬반형 질문』

→ 찬성할 때

① As you know, people increasingly rely on the internet and web-based information due to the advances of technology. For example, most people have easy access to the Internet through their smart phones or tablets, so they can easily get any information that they want on their smart phones.

아시다시피, 기술진보 때문에 사람들은 인터넷과 인터넷기반 정보에 상당하게 의존하고 있습니다. 예를 들어, 대부분 사람들은 스마트폰이나 태블릿으로 쉽게 인터넷에 접근을 할 수가 있습니다. 그래서 그들이 원하는 어떤 정보라도 쉽게 스마트폰으로 얻을 수 있습니다.

② However, the problem is that much information on the internet is incorrect. This is because anyone with unclear qualifications can upload any information that they want on the internet.

그러나, 문제는 인터넷상의 많은 정보들은 정확하지 않다는 겁니다. 왜냐하면, 자격이 되지 않더라도 누구나 인터넷상에 그들이 원하는 어떠한 정보를 쉽게 올릴 수 있기 때문입니다.

06 Basic 06_03~04

Q. 온라인 뉴스는 인쇄매체 신문뉴스보다 이점이 더 많다. 「찬반형 질문」

→ 찬성선택

① As you know, many people have easy access to the Internet through their smart phones or tablets. So, they can read online news anytime and anywhere with their smart phones or iPads as long as they have an Internet connection.

아시다시피, 많은 사람은 스마트폰이나 태블릿을 통해 쉽게 인터넷에 접근을 할 수 있습니다. 그래서 인터넷 접속만 된다면, 스마트폰이나 아이패드로 언제, 어디서나 온라인 뉴스를 읽을 수 있습니다.

② In addition, online news is almost always free of charge, compared to printed newspapers, which usually cost money. Therefore, online news can save money. For example, I like to read online news because I can easily connect to the Internet from my iPhone.

게다가, 온라인 뉴스는 돈이 들어가는 인쇄된 신문과 비교해 볼 때, 거의 공짜입니다. 그래서 온라인뉴스는 돈을 아낄 수 있습니다. 예를 들어, 저는 온라인 뉴스 읽기를 좋아합니다. 왜냐하면, 아이폰으로 쉽게 인터넷에 접속을 할 수 있기 때문입니다.

06 Basic 06_05~06

Q. 웹사이트는 기업성공의 중요하다. 「찬반형 질문」

→ 찬성할 때

① A company's website is essential for the success of today's business. This is because the Internet has changed the way people buy and sell products and services.

회사의 웹사이트는 오늘날 비즈니스 성공에 필수입니다. 왜냐하면 인터넷이 사람들이 물건과 서비스를 사고 파는 방식을 다 바꾸어 놓았기 때문입니다.

② As you know, many people have easy access to the Internet through their smart phones or tablets. Thus, a company's website is the easiest and fastest tool for people to find information about the products and services that they want.

아시다시피, 많은 사람은 스마트폰이나 태블릿을 통해 쉽게 인터넷에 접근을 할 수 있습니다. 그래서 회사의 웹사이트는 사람들이 그들이 원하는 상품과 서비스에 대한 정보를 찾기 위한 가장 쉽고 빠른 도구입니다.

🎧 06 Basic 06_07~08

Q. SNS는 기업들이 상품을 홍보하기 위한 가장 좋은 온라인 광고도구이다. 「찬반형 질문」

→ 찬성할 때

① As you know, many people have easy access to the Internet through their smart phones or tablets. So when it comes to spreading information, using social media like Facebook or Twitter is the most effective way for companies to advertise or promote their products and services.

아시다시피, 많은 사람은 스마트폰이나 태블릿을 통해 쉽게 인터넷에 접근을 할 수 있습니다. 그래서 정보를 퍼뜨리는 것에 관해서는 페이스북이나 트위터 같은 소셜미디어를 사용하는 것이 기업들이 자신의 상품과 서비스를 광고하고 홍보하기 위한 가장 효과적인 방법입니다.

② In addition, online advertisements are cheaper than offline advertisements like TV commercials or radio advertisements. So, social media can be an effective advertising tool without spending a lot of money on marketing campaigns.

게다가, 온라인 광고는 TV 광고나 라디오 광고 같은 오프라인 광고들 보다 가격이 더 저렴합니다. 그래서 소셜미디어는 마케팅 캠페인에 많은 돈을 쓰지 않고도 효과적인 광고도구로서 역할을 할 수가 있습니다.

🎧 06 Basic 06_09~10

Q. SNS는 사람들이 그들의 친구들과 연락하기 가장 좋은 수단이다. 「찬반형 질문」

→ 찬성할 때

① As you know, many people have easy access to social media through their smart phones. Thus, they can keep in touch with their friends at anytime and anyplace if they carry their smart phones with them.

아시다시피, 많은 사람은 스마트폰을 통해서 소셜미디어에 쉽게 접근을 합니다. 그래서 스마트폰을 가지고 다니기만 하면 언제 어디서나 친구들과 쉽게 연락을 할 수가 있습니다.

② In addition, there is no extra charge to use social media like Facebook or Twitter to communicate with one another. For example, I live far away from my friends, and I don't meet them very often in person. Nonetheless, I can easily keep in touch with them through social media.

게다가, 서로 의사소통을 하기 위해서 페이스북이나 트위터 같은 소셜미디어를 사용하는데 추가비용이 없습니다. 예를 들어, 저는 친구들과 멀리 떨어져 살아서 자주, 친구들을 직접 만날 수는 없습니다. 그럼에도 불구하고, 소셜미디어를 통해서 그들과 쉽게 연락을 할 수 있습니다.

🎧 06 Basic 06_11~12

Q. 다운받은 음악을 듣기 것이 음악 CD를 구입해서 듣는 것 보다 이점이 더 많다. 「찬반형 질문」

→ 찬성할 때

① As you know, many people have easy access to the Internet through their smart phones or tablets. Thus, they can easily listen to downloaded music at anytime and any place as long as they have an Internet connection.

아시다시피, 많은 사람은 스마트폰을 통해서 소셜미디어에 쉽게 접근을 합니다. 그래서 인터넷 접속만 되기만 하면 언제, 어디서나 쉽게 다운받은 음악을 들을 수가 있습니다.

② In addition, downloaded music is much cheaper than music CDs, and people can easily share the downloaded music with their family or their friends. For example, I usually listen to downloaded music on my smart phone because I can easily download any music that I like on my smart phone.

게다가, 다운받은 음악은 음악 CD보다 훨씬 저렴하며 가족이나 친구들과 다운받은 음악을 쉽게 공유할 수도 있습니다. 예를 들어, 저는 제 스마트폰으로 다운받은 음악을 듣는 것을 좋아합니다. 왜냐하면, 스마트폰으로 제가 좋아하는 어떤 음악이든지 쉽게 다운받을 수가 있기 때문입니다.

Topic 키워드 7. 기술진보

Q. 기술진보를 사용하지 않고는 어떠한 비즈니스도 성공할 수 없을 것이다. 「찬반형 질문」

→ 찬성선택

🎧 06 Basic 07_01~02

Q. 기술진보 덕분으로 우리의 삶은 과거와 비교해 볼 때 더 편해지고 쉬워졌다. 「찬반형 질문」

→ 찬성선택

① Today, we can't imagine our lives without technological advances such as the Internet, smart phones and computers. Thanks to advances in technology, we can do many things more efficiently, and as a result, we can save time and money. For example, our lives are much easier due to technological advances because robots and machines can take over our daily chores.

오늘날, 인터넷, 스마트폰, 그리고 컴퓨터와 같은 기술의 진보 없이는 우리의 삶을 상상할 수가 없습니다. 기술 진보 덕분으로, 많은 일들을 더 효율적으로 할 수가 있습니다. 그 결과, 시간과 돈을 아낄 수가 있습니다. 예를 들어, 우리 삶은 기술진보 덕분으로 더 쉬워졌습니다. 왜냐하면, 로봇과 기계들이 일상의 잡다한 일을 대신 해주기 때문입니다.

② In addition, people can get quick access to information on any topic that they are looking for with the help of technological advances like the Internet. Therefore, the sharing of knowledge and technology in every field such as job markets, academics, and even business happens quickly. Ultimately, it makes our lives easier and more convenient.

게다가, 인터넷 같은 기술진보의 도움으로 그들이 찾고자 하는 토픽에 관한 정보에 빨리 접근할 수 있습니다. 그래서 모든 분야, 즉 취업시장, 학계, 그리고 심지어 비즈니스에서의 정보와 기술의 공유가 빠르게 일어납니다. 이는 궁극적으로 우리의 삶을 더 쉽고 더 편하게 만들어 주게 되었습니다.

Topic 키워드 8. 평판/성공

🎧 06 Basic 08_01~02

Q. 기업들은 과거와 비교해 볼 때, 오늘날 평판에 더 많이 신경을 쓴다. 『찬반형 질문』

→ **찬성할 때**

① As you know, the Internet has changed the way people communicate or connect with each other, and the way people buy and sell products and services. In addition, many people have easy access to the Internet through their smart phones or tablets. Because of this, people can easily find information about products and services on the Internet.
아시다시피, 인터넷은 사람들이 서로서로 의사소통하고 연결하는 방식과 물건과 서비스를 사고파는 방법을 다 바꾸어 놓았습니다. 게다가, 많은 사람은 스마트폰과 태블릿을 통해서 인터넷에 쉽게 접근을 합니다. 그래서 이것 때문에 인터넷상에서 상품과 서비스에 대한 정보를 쉽게 찾을 수가 있습니다.

② In the Internet-based business environment, negative word-of-mouth spreads quickly on the internet or via social media, which can harm the company's reputation.
인터넷 기반의 정보 환경에서, 부정적인 소문은 인터넷이나 소셜미디어를 통해서 아주 빨리 퍼지게 됩니다. 이는 결국 회사의 평판에 해를 끼칠 수 있습니다.

🎧 06 Basic 08_03~05

Q. 대기업들은 과거와 비교해 볼 때, 그들의 평판을 유지하기가 더 어려워지고 있다. 『찬반형 질문』

→ **찬성할 때**

① Most of all, the lifestyles of people today are drastically different from people's lives in the past due to the Internet and advanced technology.
무엇보다도, 인터넷과 기술의 진보 때문에 오늘날 사람들의 삶의 스타일이 과거 사람들의 삶과는 급격하게 많이 달라졌습니다.

② Also, the sharing of knowledge and technology in every field such as job markets, academics, and even business happens rapidly. With this Internet-based information environment, it is getting harder for large companies to maintain good reputations.
또한, 취업시장, 학술계, 심지어 비즈니스같은 모든 분야에서 지식과 기술의 공유가 빠르게 활생하고 있습니다. 그래서 이런 인터넷 기반 정보 환경에서, 큰 회사들이 좋은 평판을 유지하는 게 더 힘들어 지고 있습니다.

③ In addition, the global business environment is more competitive than it was in the past due to the Internet and advanced technology.
게다가, 글로벌 비즈니스 환경은 인터넷과 기술진보 때문에 과거보다 더 경쟁적으로 변했습니다.

🎧 06 Basic 08_06~08

Q. 작은 기업들은 과거와 비교해 볼 때 요즈음 생존의 어려움이 더 많다. 『찬반형 질문』

→ **찬성할 때**

① As you know, the economy is pretty bad all over the world, and small companies are hit harder by difficult economic times. For example, small companies have a harder time obtaining needed financing, and they can't develop better products and services.

아시다시피, 전 세계적으로 경제상황이 나쁩니다. 그래서 작은 기업들은 어려운 경제 시기에 더 많은 타격을 받게 됩니다. 예를 들어, 작은 기업들은 필요한 재원확보에 더 어려움을 가지게 되므로, 더 좋은 상품과 서비스를 개발할 여지가 없게 됩니다.

② As a result, small companies fall behind the competition as customers disregard them, and they have a hard time in surviving the harsh competition.

결과적으로, 작은 기업들은 고객들이 그들을 외면하기 때문에 경쟁에서 뒤처지게 됩니다. 그래서 혹독한 경쟁에서 생존하기가 더 어렵게 됩니다.

③ For example, when I do research for my work assignments or team projects, I usually use my smart phone to surf the internet for useful information. After all, using the Internet is easy and convenient when it comes to searching for information.

예를 들어, 업무과제나 팀 프로젝트에 필요한 조사를 하고자 할 때, 필요한 정보를 찾기 위해서 스마트폰을 이용해서 인터넷을 검색합니다. 결국, 정보를 찾는 데 있어서 인터넷 사용은 매우 쉽고 편리합니다.

06 Basic 08_09~10

Q. 유명인사들은 과거와 비교해 볼 때, 오늘날 평판을 유지하기가 더 어렵다. 『찬반형 질문』

→ 찬성할 때

① As you know, the Internet has changed the way people communicate or connect with each other. In addition, many people have easy access to the Internet through their smart phones or tablets. Thus, people can easily find any information that they want to know about celebrities on the Internet.

아시다시피, 인터넷은 사람들이 서로서로 의사 소통하거나 연결하는 방식을 바꾸어 놓았습니다. 게다가, 많은 사람은 스마트폰이나 태블릿을 통해서 인터넷 접속에 쉽게 합니다. 그래서 사람들은 인터넷에서 유명인사들에 대해서 그들이 알고자 하는 어떤 정보라도 쉽게 찾을 수가 있습니다.

② With this Internet-based information environment, celebrities pay more attention to their online reputations than they ever have before. This is because it is not easy for celebrities to avoid negative news due to the internet. For example, if a celebrity does something bad, the news goes viral over the web within minutes, and almost everyone knows about it. After all, this damages the celebrity's reputation.

이런 인터넷 기반의 정보환경 때문에 유명인사들은 그 어느 때보다 온라인평판에 대해서 더 많은 관심을 쓰고 있습니다. 왜냐하면, 인터넷 때문에 유명인사들이 부정적인 뉴스를 피하기가 쉽지 않기 때문입니다. 예를 들어, 만약에 한 유명인사가 나쁜 짓을 하게 되면, 그 뉴스는 웹을 통해서 순식간에 소문으로 퍼지게 되며 결국, 거의 모든 사람이 이것에 대해서 알게 됩니다. 결국, 이것이 유명인사의 평판에 피해를 줄 수 있습니다.

Topic 키워드 9. 고객

06 Basic 09_01~03

Q. 사업성공의 핵심은 고객서비스이다. 『찬반형 질문』

→ 찬성할 때

① Customer service is essential for the success of today's businesses. As you know, customers are the most important asset to a company, and without customers, no company could exist at all. So customer service is very important for a successful business.
고객서비스는 오늘날 비즈니스 성공에 필수입니다. 아시다시피, 고객들은 회사의 가장 중요한 자산입니다. 그래서 고객이 없이는 어떠한 회사도 존재할 수 없습니다. 그래서 고객서비스는 성공적인 비즈니스에 매우 중요합니다.

② For example, if customers are satisfied with a company's customer service, they would recommend the company's products or services to their family or their friends. Ultimately, it would be beneficial for the company as well as for the customers.
예를 들어, 만약 고객들이 한 회사의 고객서비스에 만족하게 된다면, 그들은 그 회사의 상품과 서비스를 그들의 가족과 친구들에게 추천하게 될 겁니다. 궁극적으로 이는 회사뿐만 아니라 고객에게도 이익이 될 수 있습니다.

③ It is common wisdom that it costs less money to keep existing customers than it costs to find new customers. So, providing excellent customer service is the best way to keep customers around for a long time, which can help the company continue to succeed in business.
새로운 고객을 찾는데 드는 비용보다 기존고객들을 유지하는 것이 비용이 덜 든다는 상식적인 말이 있습니다. 그래서 뛰어난 고객서비스를 제공하는 것은 오랫동안 고객들을 유지할 수 있는 가장 좋은 방법입니다. 이는 회사가 비즈니스에서 계속해서 성공하도록 해줍니다.

Topic 키워드 10. 여가시간

Q. 과거와 비교해볼 때, 오늘날 사람들은 더 많은 여가 시간을 가진다. 「찬반형 질문」

→ 찬성할 때

06 Basic 10_01~03

Q. 과거와 비교해볼 때, 오늘날 사람들은 사무실에서 더 오랜 시간 일을 한다. 「찬반형 질문」

→ 반대할 때

① Today, people work 8 hours a day based on a 5-day work week, which is fewer working hours compared to the 6-day work week in the past. Therefore, people have more free time now than they did in the past.
오늘날, 사람들은 주 5일 근무 때문에 하루에 8시간 일을 합니다. 이는, 과거 주 6일 근무하는 것과 비교해 볼 때 훨씬 적은 근무시간입니다. 그러므로, 사람들은 과거보다는 현재 더 많은 여가를 가지고 있습니다.

② In addition, since the Internet has changed the way people work, the nature of work has also changed. For example, smart phones and Wi-Fi internet access can let people work at any time and from anyplace.
게다가, 인터넷이 사람들이 일하는 방법을 바꾸어 놓았기 때문에 이 때문에 일의 성격 또한 바뀌었습니다. 예를 들어, 스마트폰과 Wi-Fi 인터넷은 사람들이 언제 어디서나 일을 할 수 있도록 해줍니다.

③ As a result, it can save people's working hours. For example, people can even work outside the office by using the Internet on their smart phones, and they don't need to spend long hours working at the office. As a result, people can have more free time by working effectively through the Internet.

결과적으로, 이는 사람들의 일하는 시간을 줄여주었습니다. 예를 들어, 사람들은 스마트 폰으로 인터넷을 사용함으로써, 사무실 밖에서도 일할 수 있게 되었습니다. 그래서 사무실에서 오랜 시간을 일하면서 보낼 필요가 없게 되었습니다. 그 결과, 사람들은 인터넷을 통해서 일을 효율적으로 함으로써 더 많은 여가를 가질 수 있습니다.

Topic 키워드 11. 환경보호/재활용

Q. 재활용은 기업들이 환경을 보호하기 위한 가장 좋은 방법이다. 『찬반형 질문』

→ 찬성할 때

🎧 06 Basic 11_01~04

Q. 기업이 환경보호에 적극 동참해야 한다. 『찬반형 질문』

→ 찬성할 때

① Companies have more responsibility to try to protect the environment than individuals have because companies typically use a great deal of natural resources to manufacture their products.
기업들은 개인들보다 환경을 보호하려고 노력하는 데 더 많은 책임이 있습니다. 왜냐하면 기업들은 그들의 상품을 만들기 위해서 많은 천연자원들을 사용하기 때문입니다.

② As you know, natural resources are limited. Thus, if companies keep using natural resources in a reckless way, the natural resources will be quickly depleted. In the end, this process will lead to the destruction of the environment.
아시다시피, 천연자원은 제한되어 있습니다. 그래서 만약 기업들이 무분별하게 천연자원을 계속 사용한다면, 천연자원은 빨리 고갈될 것입니다. 결국, 이런 과정들은 환경파괴로 이어지게 할 겁니다.

③ For example, if companies produce their products from recycled materials, it can help reduce the need for new natural resources, and it can also help protect the environment as well as save money.
예를 들어, 만약 기업이 재활용 물질로 자신들의 상품들을 생산해 낸다면, 이는 천연자원의 사용을 줄일 수 있게 해주며 환경보호뿐만 아니라 비용을 줄여주는데 도움을 줄 수가 있습니다.

④ For example, if a company produces eco-friendly products made out of recycled materials, it can help reduce the need for new raw materials, and it can also help save money.
예를 들어, 만약 기업이 재활용 물질을 사용해서 환경친화적인 상품들을 만들어 내면 이는 천연물질에 대한 사용을 줄일 수 있으며 비용절감에도 도움이 됩니다.

Topic 키워드 12. 그 외

🎧 06 Basic 12_01~02

Q. 돈이 삶을 좀 더 행복하게 만들어 준다. 『찬반형 질문』

→ 찬성할 때

① When it comes to the life that I want to live, money has the power to make it happen. Therefore, a big salary can play a key role in maximizing my financial happiness. In addition, I have a large family to support, and money is a main issue for me.
제가 살고자 하는 삶에 있어서, 돈은 그런 삶이 가능하도록 해주는 힘을 가지고 있습니다. 그래서 많은 월급은 저의 경제적 행복을 극대화 시키는데 중요한 역할을 할 수가 있습니다. 게다가, 저는 부양할 대가족이 있기 때문에 돈은 제게 중요한 문제입니다.

② Let me give you an example. If I am very satisfied with my work, but I am not happy with my salary, I will think about leaving my job for a position with a higher salary. On the other hand, if I am not happy with my work but I am satisfied with my salary, I will stay with my current job because money speaks louder than anything else.
예를 하나 들어보겠습니다. 만약 제 일에 만족은 하지만, 월급에 대해서 만족하지 않게 되면, 저는 좀 더 많은 월급을 주는 직장으로 가기 위해서 현재 일을 그만둘 생각을 할 것 같습니다. 한편으로, 만약 일은 만족하지 않지만, 월급에 대해서 만족을 한다면, 저는 현재하고 있는 일을 계속 할 것 같습니다. 왜냐하면 돈이 최고이기 때문입니다.

🎧 06 Basic 12_03~04

Q. 학교 다니면서 돈을 버는 것은 단점보다는 장점이 더 많다. 『찬반형 질문』

→ **반대할 때**

① First of all, college students can have less time to focus on studying if they work full-time. In the long-term, it is not good for their employment after they graduate.
먼저, 대학생들이 풀타임으로 일을 하게 되면 공부에 집중할 시간이 줄어들 수 있습니다. 장기적으로, 이는 졸업 후에 취업에 있어서 좋지는 않습니다.

② As you know, the job market is very competitive, and it is getting more difficult for college graduates to get a job after graduation. So it is better for college students to prepare for employment by paying more attention to their studies rather than working and studying at the same time, as long as they don't already have financial difficulties.
아시다시피, 취업시장의 경쟁이 매우 높습니다. 그래서 대학졸업생들이 졸업 후에 취업을 하는 것이 점점 더 어려워지고 있습니다. 그래서 대학생들이 경제적인 어려움이 없다면 공부하면서 일하기보다는 공부에 더 많은 관심을 기울임으로써 취업에 대한 준비를 하는 게 더 좋다고 생각합니다.

🎧 06 Basic 12_05~06

Q. TV 시청은 미취학 아동들에게 좋은 영향을 끼친다. 『찬반형 질문』

→ **찬성할 때**

① It depends on what TV programs preschool children watch, but in general, watching TV can help preschool children. As you know, some good TV programs like Sesame Street can be really helpful because they can teach children letters, numbers and other important information.
미취학 아동들이 어떤 TV 프로그램을 보느냐에 달려있겠지만, 대체로 TV 시청은 미취학 아동들에게 도움이 됩니다. 아시다시피, 세서미 스트리트와 같은 몇몇 좋은 TV 프로그램들은 매우 도움이 될 수 있습니다. 왜냐하면, 그런 TV 프로그램은 어린이들에게 글자, 숫자, 그리고 다른 중요한 정보를 알려주기 때문입니다.

② In addition, educational TV programs like the National Geographic channel or the Discovery

Channel can also stimulate children and develop their learning abilities.
게다가, 내셔널 지오그래픽 채널이나 디스커버리 채널 같은 교육적인 TV 프로그램들은 어린이들의 학습 능력을 자극하고 개발시킬 수 있도록 해줍니다.

06 Basic 12_07~08

Q. 인턴십 경험은 대학졸업생들이 취업을 할 때 유리한 작용을 한다. 「찬반형 질문」

→ 찬성할 때

① As you know, an internship is an opportunity for college students to experience on-the-job training within a particular industry for a certain period of time before college graduation. Therefore, an internship experience can be useful when employers evaluate how helpful a person would actually be in the actual workplace.
아시다시피, 인턴십은 대학생들이 대학을 졸업하기 전에 일정기간 동안 특정 산업분야에서 현장경험을 할 수 있는 기회입니다. 그래서 인턴십 경험은 고용주들이 그들이 실제 직장에서 얼마나 도움이 되는지를 평가하는데 유용할 수 있습니다.

② In addition, companies can reduce the time it takes to train new employees if those workers have an internship experience in the same field. It can help reduce training costs.
게다가, 만약 직원들이 같은 분야에서 인턴십 경험이 있다면, 기업들이 신입직원들을 교육시키는데 드는 시간을 줄일 수 있습니다. 그것은 직원 교육 비용을 절감하는 데 도움이 될 수 있습니다.

4단계 출제유형 연습하기

예제1

TOEIC Speaking

Question 11: Express an Opinion

Directions: In this part of the test, you will give your opinion about a specific topic. Be sure to say as much as you can in the time allowed. You will have 15 seconds to prepare. Then you will have 60 seconds to speak.

TOEIC Speaking
Question 11 of 11

Which of the following do you think is the most important thing for job satisfaction in the workplace? Choose one of the following and give specific reasons and details to support your opinion.
- Flexible working hours
- Speedy promotions
- Big salary

Response Time	Response Time
00:00:15	00:01:00

예제1 키워드 만족

Q11. Which of the following do you think is the most important thing for job satisfaction in the workplace? Choose one of the following and give specific reasons and details to support your opinion.
-Flexible working hours
-Speedy promotions
-Big salary

다음중 어느것이 직장에서 직업만족도에 가장 중요하다고 생각합니까?
-유연성있는 업무시간
-빠른 승진
-많은 월급

[질문유형 분석해보기]

1	질문키워드	업무만족
	질문토픽	직업 만족에서 가장 중요한 것은?
	질문유형	『선택형』→Big salary 선택
2	비법답안 (CMM→Choice+Mix=Match)	[2]-보상+[11]-돈→ 이용해서 답을 만든다.
3	답안완성하기	[답안템플릿]을 이용해서 답안을 완성해 본다.

| 예제1 답안 템플릿 |

I think a big salary is the most important thing for job satisfaction in the workplace. There are some reasons to support my opinoin.

First of all, as you know, when it comes to the life that we want to live, money has the power to make it happen. So, a big salary can play a key role in 경제적인 행복을 극대화시키다. In addition, rewards like a big salary or big cash bonuses can 직원들로 하여금 그 어느때보다 일을 더 열심히 더 잘할수 있도록 동기부여를 해줄수 있습니다.

For example, when employees are 직원들이 열심히 일한것에 대해서나 좋은 성과에 대해 보상을 받게 되면, it will make them more effective and more productive at work. 궁극적으로, it will 더 나은 업무 능력 향상을 가져오고, and be good for both the company and the employees.

For these reasons, I belive 많은 월급이 직장에서 업무만족에 가장 중요하다 in the workplace.

예제1 답안

I think a big salary is the most important for job satisfaction in the workplace. There are some reasons to support my opinion.

First of all, as you know, when it comes to the life that we want to live, money has the power to make it happen. So, a big salary can play a key role in maximizing financial happiness. In addition, rewards like a big salary or big cash bonuses can motivate employees to work harder and better than ever before.

For example, when employees are rewarded for their hard work or their good achievements, it will make them more effective and more productive at work. Ultimately, it will lead to a better quality of work and be good for both the company and the employees.

For these reasons, I believe a big salary is most important for job satisfaction in the workplace.

| 예제1 답안 해석 |

저는 많은 월급이 직장에서 직업만족도에서 가장 중요하다고 생각합니다. 이런 제 생각을 뒷받침할만한 몇 가지 이유들이 있습니다. 먼저, 아시다시피, 우리가 살고 싶은 삶에 있어서, 돈은 그러한 삶을 살수 있도록 하게 해주는 힘을 가지고 있습니다. 그래서 많은 월급은 경제적인 행복을 극대화 시키는데 중요한 역할을 할 수 있습니다. 게다가, 많은 월급이나 두둑한 현금 보너스 같은 보상들은 직원들로 하여금 그 어느 때보다 일을 더 열심히 더 잘할 수 있도록 동기부여를 해줄 수 있습니다. 예를 들어, 직원들이 열심히 일한 것에 대해서나 좋은 성과에 대해 보상을 받게 되면, 이는 그들로 하여금 업무에서 더 효율적이고 더 생산적으로 만들어 줍니다. 궁극적으로, 이는 업무향상으로 나아가게 하며 회사뿐만 아니라 직원들에게 득이 됩니다. 이런 이유들 때문에 많은 월급이 직장에서 업무만족에 가장 중요하다고 저는 믿습니다.

MEMO

예제2

TOEIC Speaking

Question 11: Express an Opinion

Directions: In this part of the test, you will give your opinion about a specific topic. Be sure to say as much as you can in the time allowed. You will have 15 seconds to prepare. Then you will have 60 seconds to speak.

TOEIC Speaking

Question 11 of 11

Which of the following do you think will have changed the most 20 years from now?
Choose one of the following and give specific reasons and details to support your opinion.
- Publishing
- Banking
- Farming

Response Time	Response Time
00:00:15	00:01:00

예제2 키워드 변화

Q11. Which of the following do you think will have changed the most 20 years from now? Choose one of the following and give specific reasons and details to support your opinion.
- Publishing
- Banking
- Farming

다음 중 어느 것이 지금으로부터 20년 후에 가장 많은 변화가 있을 것이라고 생각합니까?
- 출판
- 금융
- 농업

[질문유형 분석해보기]

1	질문키워드	변화
	질문토픽	지금으로부터 20년 후에 가장 많은 변화가 있을 분야는?
	질문유형	『선택형』→Banking 선택
2	비법답안 (CMM→Choice+Mix=Match)	[6]-인터넷→ 이용해서 답을 만든다.
3	답안완성하기	[답안템플릿]을 이용해서 답안을 완성해 본다.

| 예제2 답안 템플릿 |

I think banking will have changed 지금으로부터 20년 후에. Here are some reasons to support my opinion.

First of all, as you know, today many people have 스마트폰이나 태블릿으로 쉽게 인터넷에 접근을 합니다. Therefore, people can easily 스마트폰이나 인터넷상으로 은행업무를 쉽게 볼 수가 있습니다 without actually visiting a bank.

For example, I usually do my banking on my smart phone because I don't have much time to visit a bank 바쁜 업무일정 때문에. Thus, banking by using my smart phone is very easy and convenient. For this reason, I think banking will 어떤 다른 분야보다 더 많은 변화가 있을 것이다. 20 years from now.

예제2 답안

I think banking will have changed the most 20 years from now. There are some reasons to support my opinion.

First of all, as you know, today many people have easy access to the Internet through their smart phones or tablets. Therefore, people can easily do their banking on their smart phones or over the internet without actually visiting a bank.

For example, I usually do my banking on my smart phone because I don't have much time to visit a bank due to my busy work schedule. Thus, banking by using my smart phone is very easy and convenient. For this reason, I think banking will have more changes than the other sectors 20 years from now.

| 예제2 답안 해석 |

저는 금융이 지금으로부터 20년 후에 가장 많은 변화가 있을 거라고 생각합니다. 이런 제 생각을 뒷받침할만한 몇 가지 이유들이 있습니다. 먼저, 아시다시피, 오늘날 많은 사람들이 스마트폰이나 태블릿으로 쉽게 인터넷에 접근을 합니다. 그래서 직접 은행을 방문하지 않고도 스마트폰이나 인터넷상으로 은행업무를 쉽게 볼 수가 있습니다. 예를 들어, 저는 주로 제 스마트폰으로 은행업무를 봅니다. 왜냐하면, 바쁜 업무일정 때문에 은행에 갈 시간이 많이 없기 때문입니다. 그래서 스마트폰으로 은행업무를 보는 것은 매우 쉽고 편리합니다. 이런 이유 때문에 금융은 지금으로부터 20년 이후에 어떤 다른 분야보다 더 많은 변화가 있을 거라고 생각합니다.

MEMO

예제3

TOEIC Speaking

Question 11: Express an Opinion

Directions: In this part of the test, you will give your opinion about a specific topic. Be sure to say as much as you can in the time allowed. You will have 15 seconds to prepare. Then you will have 60 seconds to speak.

TOEIC Speaking
Question 11 of 11

Do you agree or disagree with the following statement?
Today, business people have more leisure time than previous generations had.
Use specific reasons and details to support your opinion.

Response Time	Response Time
00:00:15	00:01:00

예제3 키워드 여가시간

Q11. Do you agree or disagree with the following statement?
Today, business people have more leisure time than previous generations had.
Use specific reasons and details to support your opinion.

다음 진술에 동의합니까? 또는 동의하지 않습니까?
오늘날, 비즈니스 사람들은 전 세대보다 더 많은 여가시간을 가진다.

[질문유형 분석해보기]

	질문키워드	여가시간
1	질문토픽	오늘날, 비즈니스 사람들은 전 세대보다 더 많은 여가시간을 가진다.
	질문유형	『찬반형』→동의
2	비법답안 (CMM→Choice+Mix=Match)	[9] 여가시간→ 이용해서 답을 만든다.
3	답안완성하기	[답안템플릿]을 이용해서 답안을 완성해 본다.

| 예제3 답안 템플릿 |

I agree with the statement that today, business people 더 많은 여가시간을 가진다 than previous generations had. Here are some reasons to support my opinion.

First of all, obviously, people 주 5일 근무에 8시간 일을 합니다, which is fewer working hours compared to the 6-day work week of the past. So, business people today have more leisure time than previous generations had. In addition, since 인터넷이 일하는 방식을 바꾸어 놓았다, the nature of work has also changed. For example, smart phones and Wi-Fi internet access 사람들로 하여금 언제 어디서나 일을 할 수 있도록 해줍니다 as long as they have an internet connection. Because of this, people can 업무시간을 줄일 수 있고, and they can 여가시간을 더 많이 가지다.

For example, I don't have to spend long hours working at the office because I can work away from the office by 스마트폰이나 태블릿으로 인터넷을 사용해서 while enjoying my leisure time outside.

For these reasons, I agree with the statement.

예제3 답안

I agree with the statement that today, business people have more leisure time than previous generations had. Here are some reasons to support my opinion.

First of all, obviously, people work 8 hours a day based on a 5-day work week, which is fewer working hours compared to the 6-day work week of the past. So, business people today have more leisure time than previous generations had. In addition, since the Internet has changed the way people work, the nature of work has also changed. For example, smart phones and Wi-Fi internet access let business people work at anytime and anyplace as long as they have an internet connection. Because of this, people can save their working hours, and they can have more leisure time.

For example, I don't have to spend long hours working at the office because I can work away from the office by using the Internet on my smart phone or tablet while enjoying my leisure time outside.

For these reasons, I agree with the statement.

| 예제3 답안 해석 |

오늘날, 비즈니스 하는 분들은 전 세대들보다 더 많은 여가시간을 가진다 라는 진술에 동의합니다. 이런 제 생각을 뒷받침할만한 몇 가지 이유들이 있습니다. 먼저, 사람들은 요즘은 주 5일 근무에 8시간 일을 합니다. 이는 과거 주6일 근무시간에 비해 적은 시간입니다. 그래서 비즈니스 사람들은 전 세대에 비해서 많은 여가시간을 가집니다. 게다가, 인터넷이 일하는 방식을 바꾸어 놓았기 때문에 일의 성격 또한 바뀌었습니다. 예를 들어, 인터넷 접속만 되면, 스마트폰이나 Wi-Fi 인터넷 은 사람들로 하여금 언제 어디서나 일을 할 수 있도록 해줍니다. 이것 때문에 사람들은 업무시간을 줄일 수 있고, 여가시간은 더 많이 가질 수가 있게 되었습니다. 예를 들어, 저는 사무실에 일하는데 많은 시간을 보낼 필요가 없습니다. 왜냐하면, 밖에서 여가시간을 즐기면서 스마트폰이나 태블릿으로 인터넷을 사용해서 사무실 밖에서도 일할 수 있기 때문입니다. 이런 이유들 때문에 저는 그 진술에 동의합니다.

MEMO

예제4

 06 Practice 04_01

TOEIC Speaking

Question 11: Express an Opinion

Directions: In this part of the test, you will give your opinion about a specific topic. Be sure to say as much as you can in the time allowed. You will have 15 seconds to prepare. Then you will have 60 seconds to speak.

TOEIC Speaking

Do you agree or disagree with the following statement?
Listening to downloaded music has more advantages than listening to music on CDs.
Use specific reasons and details to support your opinion.

Response Time	Response Time
00:00:15	00:01:00

예제4 키워드 인터넷+음악

Q11. Do you agree or disagree with the following statement?
Listening to downloaded music has more advantages than listening to music on CDs.
Use specific reasons and details to support your opinion.

다음 진술에 동의합니까? 동의하지 않습니까?
다운받은 음악을 듣는 것이 CD로 음악을 듣는 것보다 더 많은 이점들이 있습니다.

[질문유형 분석해보기]

1	질문키워드	인터넷+음악
	질문토픽	다운받은 음악을 듣는 것은 CD로 음악을 듣는 것보다 이점이 더 많다.
	질문유형	『찬반형』→동의
2	비법답안 (CMM→Choice+Mix=Match)	[6]인터넷→ 이용해서 답을 만든다.
3	답안완성하기	[답안템플릿]을 이용해서 답안을 완성해 본다.

| 예제4 답안 템플릿 |

I agree with the statement that listening to downloaded music has more advantages than listening to music on CDs. Here are some reasons to support my opinion.

First of all, 인터넷은 사람들이 음악 듣는 방식을 바꾸어 놓았습니다. As you know, many people have 스마트폰이나 태블릿으로 인터넷 접속을 쉽게 합니다. So, people can easily 스마트폰으로 언제 어디서나 다운받은 음악을 쉽게 들을 수가 있습니다.

In addition, downloaded music is much cheaper than music CDs, and people 음악 CD를 사기 위해 음반가게에 갈 필요가 없습니다. This is because they can 최신음악을 들을 수 있다 from their favorite music artists by downloading it from the Internet.

For example, I usually 제 스마트폰으로 다운받은 음악을 주로 듣습니다 because I can easily download any music that I like on my smart phone.

For these reasons, I agree with the statement.

예제4 답안

I agree with the statement that listening to downloaded music has more advantages than listening to music on CDs. Here are some reasons to support my opinion.

First of all, the Internet has changed the way people listen to music. As you know, many people have easy access to the Internet through their smart phones or tablets. So, people can easily listen to downloaded music at anytime and anywhere on their smart phones.

In addition, downloaded music is much cheaper than music CDs, and people don't have to go to a music store to purchase a CD. This is because they can hear the latest music from their favorite music artists by downloading it from the Internet.

For example, I usually listen to downloaded music on my smart phone because I can easily download any music that I like on my smart phone.

For these reasons, I agree with the statement.

| 예제4 답안 해석 |

다운받은 음악을 듣는 것이 CD로 음악을 듣는 것보다 더 많은 이점들이 있다는 진술에 동의합니다. 이런 제 생각을 뒷받침할만한 몇 가지 이유들이 있습니다. 먼저, 인터넷은 사람들이 음악 듣는 방식을 바꾸어 놓았습니다. 아시다시피, 사람들은 스마트폰이나 태블릿으로 인터넷 접속을 쉽게 합니다. 그래서 사람들은 스마트폰으로 언제 어디서나 다운받은 음악을 쉽게 들을 수가 있습니다. 게다가, 다운받은 음악은 음악 CD보다 가격이 훨씬 저렴합니다. 그래서 음악 CD를 사기 위해 음반가게에 갈 필요가 없습니다. 왜냐하면, 그들이 좋아하는 음악가의 최신음악을 인터넷에서 다운받아서 들을 수 있기 때문입니다. 예를 들어, 저는 제 스마트폰으로 다운받은 음악을 주로 듣습니다. 왜냐하면, 스마트폰으로 제가 좋아하는 어떤 음악이라도 쉽게 다운받을 수 있기 때문입니다. 이런 이유들 때문에 저는 그 진술에 동의합니다.

MEMO

예제5

TOEIC Speaking

Question 11: Express an Opinion

Directions: In this part of the test, you will give your opinion about a specific topic. Be sure to say as much as you can in the time allowed. You will have 15 seconds to prepare. Then you will have 60 seconds to speak.

TOEIC Speaking
Question 11 of 11

Do you agree or disagree with the following statement? A business would not be successful without using technological advances. Use specific reasons and details to support your opinion.

Response Time	Response Time
00:00:15	00:01:00

예제5 키워드 기술진보

Q11. Do you agree or disagree with the following statement? A business would not be successful without using technological advances.

다음 진술에 동의합니까? 또는 동의하지 않습니까?
기술진보를 사용하지 않고는 어떠한 비즈니스도 성공하지 못할 것이다.

[질문유형 분석해보기]

1	질문키워드	기술진보
	질문토픽	기술진보를 사용하지 않고는 어떠한 비즈니스도 성공하지 못할 것이다.
	질문유형	「찬반형」→동의
2	비법답안 (CMM→Choice+Mix=Match)	[7] 기술진보→ 이용해서 답을 만든다.
3	답안완성하기	[답안템플릿]을 이용해서 답안을 완성해 본다.

| 예제4 답안 템플릿 |

I agree with the statement that a business would not be successful without technological advances.

First of all, 기술진보는 오늘날 비즈니스의 성공에 필수입니다. As you know, we 기술진보 없는 우리의 삶은 상상할 수가 없습니다 such as the Internet, smart phones and computers. So, thanks to advances in technology, we 많은 일들을 효과적으로 할 수가 있습니다 in daily life as well as in business.

Let me give you an example. As you know, the Internet is 기술진보의 가장 큰 결과물 중의 한가지 입니다. The Internet 사람들이 물건을 사고 파는 방식을 바꾸어 놓았습니다 Thus, people can 언제 어디서나 쉽게 온라인 쇼핑을 할 수가 있습니다 as long as they have an Internet connection. No modern business can be successful without having an internet presence.

For these reason, I agree with the statement.

예제5 답안

🎧 06 Practice 05_02

I agree with the statement that a business would not be successful without technological advances. There are some reasons to support my opinion.

First of all, technological advances are essential for the success of today's businesses. As you know, we can't imagine our lives without technological advances such as the Internet, smart phones and computers. So, thanks to advances in technology, we can do many things more efficiently in daily life as well as in business.

Let me give you an example. As you know, the Internet is one of the biggest results of technological advances. The Internet has changed the way people buy and sell products and services. Thus, people can easily shop online at anytime and anyplace as long as they have an Internet connection. So, no modern businesses can be successful without having an internet presence.

For these reasons, I agree with the statement.

| 예제5 답안 해석 |

기술진보를 사용하지 않고는 어떠한 비즈니스도 성공하지 못할 것이다라는 진술에 동의합니다. 이런 제 생각을 뒷받침할만한 몇 가지 이유들이 있습니다. 먼저, 기술진보는 오늘날 비즈니스의 성공에 필수입니다. 아시다시피, 인터넷, 스마트폰, 그리고 컴퓨터와 같은 기술진보 없는 우리의 삶은 상상할 수가 없습니다. 그래서 기술진보의 덕분으로, 일상에서뿐만 아니라 비즈니스에서도 많은 일들을 효과적으로 할 수가 있습니다. 한가지 예를 들어 보겠습니다. 아시다시피, 인터넷은 기술진보의 가장 큰 결과물 중의 한가지 입니다. 인터넷은 사람들이 물건과 서비스를 사고 파는 방식을 바꾸어 놓았습니다. 그래서 인터넷 접속만 되면, 언제 어디서나 쉽게 온라인 쇼핑을 할 수가 있습니다. 그래서 인터넷이 없이는 오늘날 어떤 비즈니스도 성공할 수가 없습니다. 이런 이유들 때문에 저는 그 진술어 동의합니다.

MEMO

5단계 출제유형 최신기출 Actual Test

Actual Test-1회 파트6

TOEIC Speaking

Question 11: Express an Opinion

Directions: In this part of the test, you will give your opinion about a specific topic. Be sure to say as much as you can in the time allowed. You will have 15 seconds to prepare. Then you will have 60 seconds to speak.

TOEIC Speaking

Question 10 of 11

Which of the following do you think is the most important thing for a team leader in the workplace?
Choose one of the following and give specific reasons and details to support your opinion.

-Giving clear directions
-Coming up with good ideas
-Encouraging team members

Response Time
00:00:15

Response Time
00:01:00

TOEIC Speaking

Question 11: Express an Opinion

Directions: In this part of the test, you will give your opinion about a specific topic. Be sure to say as much as you can in the time allowed. You will have 15 seconds to prepare. Then you will have 60 seconds to speak.

TOEIC Speaking

Question 10 of 11

Which of the following do you think is the most important thing for a team leader in the workplace?
Choose one of the following and give specific reasons and details to support your opinion.

-Giving clear directions
-Coming up with good ideas
-Encouraging team members

Response Time
00:00:15

Response Time
00:01:00

TOEIC Speaking

Question 11: Express an Opinion

Directions: In this part of the test, you will give your opinion about a specific topic. Be sure to say as much as you can in the time allowed. You will have 15 seconds to prepare. Then you will have 60 seconds to speak.

TOEIC Speaking

Question 10 of 11

Which of the following do you think is the most challenging part when working in a group project?
Choose one of the following and give specific reasons and details to support your opinion.

-Getting along with team members
-Being confident
-Handling criticism

Response Time
00:00:15

Response Time
00:01:00

TOEIC Speaking

Question 11: Express an Opinion

Directions: In this part of the test, you will give your opinion about a specific topic. Be sure to say as much as you can in the time allowed. You will have 15 seconds to prepare. Then you will have 60 seconds to speak.

TOEIC Speaking

Question 10 of 11

Do you agree or disagree with the following statement? The use of social media is the most effective way for companies to advertise and promote their products and services.
Use specific reasons and details to support your opinion.

Response Time
00:00:15

Response Time
00:01:00

TOEIC Speaking

Question 11: Express an Opinion

Directions: In this part of the test, you will give your opinion about a specific topic. Be sure to say as much as you can in the time allowed. You will have 15 seconds to prepare. Then you will have 60 seconds to speak.

TOEIC Speaking
Question 10 of 11

Which of the following do you think is the best way to learn new job skills at work?
Choose one of the following and give specific reasons and details to support your opinion.

-Knowledgeable friends
-Books
-Internet

Response Time
00:00:15

Response Time
00:01:00

딱 1주
TOEIC SPEAKING

모범답안 및 해석

저자 김경아

시사북스
SISA영어훈련학교®

Actual Test 6회분 해석 & 모범답안

Actual Test 1회 파트6

Q11. Do you agree or disagree with the following statement? A business would not be successful without using technological advances.

다음 진술에 동의합니까? 또는 동의하지 않습니까?
기술진보를 사용하지 않고는 어떠한 비즈니스도 성공하지 못할 것이다.

[질문유형 분석해보기]

1	질문키워드	리더의 자질
	질문토픽	다음 중 어느 것이 직장에서 팀 리더에게 가장 중요한 것이라고 생각합니까?
	질문유형	『선택형』→팀원들을 고무시키는 것
2	비법답안	[4] 리더의 자질 → 이용해서 답을 만든다.
3	답안완성하기	[답안템플릿]을 이용해서 답안을 완성해 본다.

| Actual Test 1 답안 템플릿 |

I agree with the statement that a business would not be successful without technological advances.

First of all, as you know, one of main duties of a team leader in the workplace is to 팀 멤버들이 더 열심히 일해서 더 좋은 결과를 성취하도록 고무시키는 것입니다. So 팀 멤버들을 고무시키는 것이 직장에서 팀 리더에게 매우 중요합니다 in the workplace.
For example, when a team leader encourages his team members, he tends to motivate his team members to work harder and better. 그 결과로, his team members usually achieve much more. In the end, it is 팀 멤버뿐만 아니라 그 팀 리더에게도 좋은 일입니다.

For this reason, I choose encouraging team members.

Actual Test 1 파트6 모범답안

I think encouraging team members is the most important thing for a team leader. There are some reasons to support my opinion.

First of all, as you know, one of main duties of a team leader in the workplace is to encourage his team members to work harder and to achieve better results. So encouraging team members is very important for a team leader in the workplace.

For example, when a team leader encourages his team members, he tends to motivate his team members to work harder and better. As a result, his team members usually achieve much more. In the end, it is good for his team members as well as for the team leader.

For this reason, I choose encouraging team members.

| Actual Test 1 모범답안 해석 |

팀 멤버들을 고무시키는 것이 팀 리더에게 가장 중요한 일이라고 생각합니다. 제 생각을 뒷받침할만한 몇 가지 이유가 있습니다. 먼저, 아시다시피, 팀 리더의 주 임무 중 한가지는 팀 멤버들이 더 열심히 일해서 더 좋은 결과를 성취하도록 고무시키는 것입니다. 그래서 팀 멤버들을 고무시키는 것이 직장에서 팀 리더에게는 매우 중요합니다. 예를 들면, 팀 리더가 그의 팀 멤버들을 고무시킬 때, 그는 그의 팀 멤버들이 더 열심히, 그리고 더 잘 일 할 수 있도록 동기부여를 해줍니다. 그 결과로, 그의 팀 멤버들은 더 많은 성과를 냅니다. 결국, 이는 팀 멤버뿐만 아니라 그 팀 리더에게도 좋은 일입니다. 이런 이유로 저는 팀 멤버를 고무시키는 것을 선택했습니다.

Actual Test 6회분 해석 & 모범답안

Actual Test 2회 파트6

Q11. Do you agree or disagree with the following statement?
Today, business people care about their reputations more than they did in the past.
Use specific reasons and details to support your opinion.

다음 진술에 동의합니까? 또는 동의하지 않습니까?
오늘날, 비즈니스 사람들은 과거보다 그들의 명성에 더 신경을 쓴다.

[질문유형 분석해보기]

	질문키워드	평판
1	질문토픽	오늘날, 비즈니스 사람들은 과거보다 그들의 명성에 더 신경을 쓴다.
	질문유형	「찬반형」 → 동의
2	비법답안	[7] 평판→ 이용해서 답을 만든다.
3	답안완성하기	[답안템플릿]을 이용해서 답안을 완성해 본다.

| Actual Test 2 답안 템플릿 |

I agree with the statement that today, business people care about their reputations more than they did in the past. Here are some reasons to support my opinion.

First of all, 오늘날 사람들의 라이프스타일 상당히 달라졌습니다 than they were in the past 인터넷과 기술 진보 때문에. When it comes to gathering information, people can easily 인터넷을 통해서 쉽게 어떠한 정보라도 얻을 수 있습니다 . In addition, 정보와 기술의 공유가 in every field such as job markets, academics, and even business happens quickly. 인터넷 기반 정보 환경에서, it is getting harder for business people to 평판을 유지하기가.

For example, if a business does something bad, the news goes viral over the web within minutes, and almost everyone knows about it. It 사람들의 생각에 영향을 끼치게 됩니다 about the business involved in the news.

For these reasons, I agree with the statement.

Actual Test 2 파트6 모범답안

I agree with the statement that today, business people care about their reputations more than they did in the past. Here are some reasons to support my opinion.

First of all, the lifestyles of people today are drastically different than they were in the past due to the Internet and advanced technology. When it comes to gathering information, people can easily get any information through the Internet. In addition, the sharing of the knowledge and technology in every field such as job markets, academics, and even business happens quickly. With this Internet-based information environment, it is getting harder for business people to keep up their reputations.

For example, if a business does something bad, the news goes viral over the web within minutes, and almost everyone knows about it. It affects people's thoughts about the business involved in the news.

For these reasons, I agree with the statement.

| Actual Test 2 모범답안 해석 |

오늘날, 비즈니스 사람들은 과거보다 더 많이 그들의 평판에 신경을 쓴다는 진술에 동의합니다. 여기에 제 생각을 뒷받침할만한 몇 가지 이유가 있습니다. 먼저, 오늘날 사람들의 라이프 스타일이 인터넷과 기술진보 때문에 과거와 비교해볼 때, 상당히 많이 달라졌습니다. 정보를 수집하는 것에 있어서 사람들은 인터넷을 통해서 쉽게 어떠한 정보라도 얻을 수 있습니다. 게다가, 취업시장, 학술계, 그리고 심지어 비즈니스와 같이 거의 모든 분야에서 정보와 기술의 공유가 빠르게 일어납니다. 이런 인터넷 기반 정보 환경에서, 비즈니스 사람들이 그들의 평판을 유지하기가 더 어렵게 되고 있습니다. 예를 들면, 만약 한 비즈니스가 나쁜 뭔가를 하게 되면, 그 소식은 몇 분 내로 웹을 통해 퍼져나갑니다. 그래서 거의 모든 사람이 그것에 대해서 알게 되며, 이는 그 뉴스에 관련된 비즈니스에 대한 사람들의 생각에 영향을 끼치게 됩니다. 이런 이유 때문에, 저는 그 진술에 동의합니다.

Actual Test 6회분 해석 & 모범답안

Actual Test 3회 파트6

Q11. Which of the following do you think is the most challenging part when working in a group project? Choose one of the following and give specific reasons and details to support your opinion.
-Getting along with team members
-Being confident
-Handling criticism

다음 중 어느 것이 그룹 프로젝트로 일을 할 때 가장 도전적인 부분이라고 생각합니까?
-팀원들과 잘 지내는 것
-자신감을 가지는 것
-비난을 잘 다루는 것

[질문유형 분석해보기]

	질문키워드	팀 업무
1	질문토픽	그룹프로젝트로 일할 때 가장 도전적인 것은?
	질문유형	『선택형』→팀 멤버들과 잘 지내는 것
2	비법답안	[5]팀 업무→ 이용해서 답을 만든다.
3	답안완성하기	[답안템플릿]을 이용해서 답안을 완성해 본다.

| Actual Test 3 답안 템플릿 |

I think getting along with team members is the most challenging part when working in a group project. Here are some reasons to support my opinion.

First of all, as you know, working in a group project requires cooperation, coordination, and teamwork
to complete the project successfully. For example, a group needs to coordinate schedules, arrange meetings, and make decisions collectively. All of these things 많은 시간을 필요로 합니다. In addition, it is natural for group members to 서로 의견충돌을 합니다. Thus, getting along with team members is the most challenging part when working in a group project.

For example, when I 인턴으로 일을 했을 때 at a department store a couple of years ago, I was involved in a group project, and I 다른 팀원들과 잘 지내는 데 있어서 어려움을 가지게 되었습니다 during the group project.

For these reasons, I choose getting along with team members.

Actual Test 3 파트6 모범답안

I think getting along with team members is the most challenging part when working in a group project. Here are some reasons to support my opinion.

First of all, as you know, working in a group project requires cooperation, coordination, and teamwork to complete the project successfully. For example, a group needs to coordinate schedules, arrange meetings, and make decisions collectively. All of these things take a lot of time. In addition, it is natural for group members to conflict with one another. Thus, getting along with team members is the most challenging part when working in a group project.

For example, when I worked as an intern at a department store a couple of years ago, I was involved in a group project, and I had a hard time getting along with other team members during the group project.

For these reasons, I choose getting along with team members.

| Actual Test 3 모범답안 해석 |

팀원들과 잘 지내는 것이 그룹 프로젝트를 할 때 가장 도전적인 부분이라고 생각합니다. 여기에 제 생각을 뒷받침할만한 몇 가지 이유가 있습니다. 먼저, 아시다시피, 그룹 프로젝트로 일한다는 것은 그 프로젝트를 성공적으로 완수하기 위해서는 협력, 조정, 그리고 팀워크가 필요합니다. 예를 들면, 그룹은 스케줄 조정, 미팅주선, 그리고 단체 의결 등을 해야 합니다. 이런 것들은 전부 많은 시간이 걸립니다. 게다가, 그룹 멤버들이 서로 의견충돌을 하는 게 당연합니다. 그래서 팀원들과 잘 지내는 게 그룹 프로젝트를 할 때 가장 어려운 부분입니다. 예를 들면, 제가 몇 년 전에 백화점에서 인턴으로 일했을 때, 저는 그룹 프로젝트에 참여하고 있었으며, 그 그룹프로젝트 하는 동안에 다른 팀원들과 잘 지내는 데 있어서 어려움을 가지게 되었습니다. 이런 이유 때문에 저는 팀원들과 잘 지내는 것을 선택했습니다.

Actual Test 6회분 해석 & 모범답안

Actual Test 4회 파트6

Q11. Do you agree or disagree with the following statement? The use of social media is the most effective way for companies to advertise and promote their products and services.
Use specific reasons and details to support your opinion.

다음진술에 동의 또는 동의하지 않습니까?
소셜미디어의 사용은 기업들이 자신들의 상품과 서비스를 광고하고 홍보하기에 가장 효과적인 방법이다.

[질문유형 분석해보기]

1	질문키워드	소셜미디어
	질문토픽	소셜미디어 사용은 기업들이 자사의 상품과 서비스를 광고하고 홍보하기 위한 가장 효과적인 방법이다.
	질문유형	『찬반형』 →동의
2	비법답안	[6] 인터넷+SNS→ 이용해서 답을 만든다.
3	답안완성하기	[답안템플릿]을 이용해서 답안을 완성해 본다.

| Actual Test 4 답안 템플릿 |

I agree with the statement that the use of social media is the most effective way for companies to advertise and promote their products and services. There are some reasons to support my opinion.

First of all, as you know, many people have 스마트폰이나 태블릿으로 인터넷에 쉽게 접근을 합니다. Therefore, 정보를 퍼뜨리는데 있어서, using social media like Facebook or Twitter is the fastest way to 한 기업의 상품과 서비스에 대해서 잠재고객들로 하여금 알게 하는. In addition, 인터넷기반의 정보 환경에서, using social media is a lot cheaper than using traditional marketing and advertising methods like TV commercials or radio ads. Thus, using social media can 더 효과적이고 더 저렴한 광고도구가 될 수 있습니다 than other marketing campaign.

For example, if a company offers a special discount to its current customers through social media like Facebook or Twitter, 잠재고객들 역시 이정보에 대해서 알게 될 것입니다, too., too.

For these reasons, I agree with the statement.

Actual Test 4 파트6 모범답안

I agree with the statement that the use of social media is the most effective way for companies to advertise and promote their products and services. There are some reasons to support my opinion.

First of all, as you know, many people have easy access to the Internet through their smart phones and tablets. Therefore, when it comes to spreading information, using social media like Facebook or Twitter is the fastest way to let potential customers know about a company's products and services. In addition, in an Internet-based business environment, using social media is a lot cheaper than using traditional marketing and advertising methods like TV commercials or radio ads. Thus, using social media can be a more effective and cheaper advertising tool than other marketing campaign.

For example, if a company offers a special discount to its current customers through social media like Facebook or Twitter, it will let potential customers know about the information, too.

For these reasons, I agree with the statement.

| Actual Test 4 모범답안 해석 |

저는 소셜미디어의 사용은 기업들이 자신들의 상품과 서비스를 광고하고 홍보하기에 가장 효과적인 방법이라는 진술에 동의합니다. 제 생각을 뒷받침할만한 몇 가지 이유가 있습니다. 먼저, 아시다시피, 많은 사람이 스마트폰이나 태블릿으로 인터넷에 쉽게 접근을 합니다. 그래서 정보를 퍼뜨리는 데 있어서, 페이스북이나 트위터 같은 소셜미디어를 사용하는 것이 한 기업의 상품과 서비스에 대해서 잠재고객들로 하여금 알게 하는 가장 빠른 방법입니다. 게다가, 인터넷 기반의 정보 환경에서 소셜미디어 사용은 전통적인 마케팅과 광고 수단 즉, TV 광고나 라디오 광고보다 비용이 저렴합니다. 그래서 소셜미디어의 사용은 다른 마케팅 캠페인보다는 더 효과적이고 더 저렴한 광고 도구가 될 수 있습니다. 예를 들면, 만약 한 회사가 페이스북이나 트위터 같은 소셜미디어를 통해서 현재 고객들에게 특별 할인을 제공해준다면, 잠재고객들 역시 이 정보에 대해서 알게 될 것입니다. 이런 이유 때문에 저는 그 진술에 동의합니다.

Actual Test 6회분 해석 & 모범답안

Actual Test 5회 파트6

Q11. Which of the following do you think is the best way to learn new job skills at work? Choose one of the following and give specific reasons and details to support your opinion.
-Knowledgeable friends
-Books
-Internet

다음 중 어느 것이 업무에서 새로운 스킬을 배울 수 있는 최고의 방법이라고 생각합니까?
-지식이 많은 친구
-책
-인터넷

[질문유형 분석해보기]

	질문키워드	교육/방법
1	질문토픽	직장에서 새로운 업무 스킬을 배우기 위한 가장 좋은 방법은?
	질문유형	『선택형』→책 선택
2	비법답안	[3]교육/방법→ 이용해서 답을 만든다.
3	답안완성하기	[답안템플릿]을 이용해서 답안을 완성해 본다.

| Actual Test 5 답안 템플릿 |

I think books are the best way to learn new job skills at work. Here are some reasons to support my opinion.

First of all, when it comes to learning new job skills at work, books can be 기본적인 지식과 스킬을 얻는데 있어서 큰 도움이 될 수 있습니다. In addition, books are 감당할 수 있는 비용이다, and they 비용이 덜 듭니다 than other methods like taking classes. Also, since books are 휴대할 수 있다, people can bring them anywhere, and they can 언제라도 읽을 수가 있습니다. Plus, people can read the book over and over again 시간과 장소에 구애받지 않고. So, in this regard, it can help them learn new job skills 자신의 속도에 맞춰서.

For example, I personally prefer to 책을 통해서 뭔가를 배웁니다. This is because I can read the book over and over again at my own pace.

For these reasons, I choose books.

Actual Test 5 파트6 모범답안

I think books are the best way to learn new job skills at work. Here are some reasons to support my opinion.

First of all, when it comes to learning new job skills at work, books can be a big help in getting some basic knowledge and skills. In addition, books are very affordable, and they cost less money than other methods like taking classes. Also, since books are portable, people can bring them anywhere, and they can read them at any time. Plus, people can read the book over and over again regardless of the time and place. So, in this regard, it can help them learn new job skills at their own pace.

For example, I personally prefer to learn something through a book. This is because I can read the book over and over again at my own pace.

For these reasons, I choose books.

| Actual Test 5 모범답안 해석 |

제 생각에 책이 업무에서 새로운 스킬을 배울 수 있는 최고의 방법이라고 생각합니다. 여기에 제 생각을 뒷받침할 몇 가지 이유가 있습니다. 먼저, 업무에서 새로운 스킬을 배우는 데 있어서, 책은 기본적인 지식과 스킬을 얻는 데 있어서 큰 도움이 될 수 있습니다. 게다가, 책은 감당할 수 있는 비용이기 때문에 수업을 듣는 것과 같은 다른 방법들보다는 비용이 저렴합니다. 또한, 책은 휴대할 수 있기 때문에, 어디든지 가지고 다닐 수가 있으며, 언제라도 읽을 수가 있습니다. 이외에도, 시간과 장소에 구애받지 않고 반복적으로 읽을 수가 있습니다. 그래서 이런 점에서, 책은 각자의 학습속도에 맞춰서 새로운 업무 스킬을 배울 수 있도록 해줍니다. 예를 들면, 저는 개인적으로 책을 통해서 뭔가를 배우기를 선호합니다. 왜냐하면, 저 자신의 학습속도에 맞춰 반복적으로 계속 책을 읽을 수가 있기 때문입니다. 이런 이유로, 저는 책을 선택했습니다.

MEMO

MEMO

딱 1주 TOEIC SPEAKING